美元: 阴谋还是阳谋

Making Sense of the Dollar

[美]马克·钱德勒 (Roger E.A.Farmer) 著　余翔 译

东方出版社

目录

前言

　　这本书是我二十多年在外汇市场的工作的结晶，但是不建议想用作货币交易指导或者外汇市场赢利建议。　这本书通过对外汇市场以及美元的市场表现的思考来解释很难理解的全球化。　本书特别关注了美国公司如何建立策略从而在资本流动迅速、外汇价格波动剧烈的国际政治经济体系中参与竞争。

　　每一章选取了一个"常识"，要么它是错的，要么现实比其描述的情况要复杂得多。　这其中所内在的，是对美国（及越来越多的其他国家的）跨国公司的先进的扩张策略的多维认知。　这一策略之所以先进，在于它是对变化的政治和经济环境的回应，如同一个物种对它的生存环境的适应。

　　此外，我证明了这一策略是优于其他扩张和发展策略的。　当然，我并不是说美国的策略是进化的终点，如同弗朗西斯·福山曾将资本主义议会民主当作"历史的终结"那样。　事实上国际信贷危机告诉我们这甚至不是一个稳定的策略（当我在这本书中提到"信贷危机"的时候，我指的是以 2007 年美国次级贷款危机为开始，紧跟着主要银行的失败，进而转变成国际范围内的其他危机，并使美国、英国和日本陷入萧条的危机）。

门户开放

我对美国扩张策略的理解来自美国历史学院的威廉·阿普尔曼·威廉姆斯、沃尔特·拉菲伯、马丁·斯克拉、伽伯利·科尔克和他们的学生，以及一些当代的学者，例如詹姆斯·利文斯顿和安德鲁·巴切维奇。他们都十分看重国务卿约翰·海伊在20世纪初制定的门户开放条约。因海伊曾是亚伯拉罕·林肯（美国第二次革命的领导人）的国务卿，他的经历显得更有传奇色彩。

政策分析就是政策宣传，海伊深谙其道。他政策宣传中有关于美国在中国使用的策略选择的讨论和其中他所支持的一条。1898年美西战争后，美国获得了菲律宾以及其他几个煤站，随后中国对美国的吸引力大增。但是，因为美国在北美大陆的扩张和南北战争，美国在中国已经算是后来者。中国已经被几个欧洲国家划分了各自的势力范围，包括英国、法国、德国、葡萄牙，还有来自亚洲的日本。

海伊的政策分析讨论了美国所面临的各种选择，包括入侵其他国家的势力范围或者自己建立领地。然而，海伊推荐了一个大胆的想法：挑战整个传统的用划分势力范围来处理外国事物的机制。"势力范围"作为国际关系中的主导性原则不稳定到可悲而且可怕，因为战争是扩张势力范围的主要方式。

海伊提出的备选方案依赖于各国在世界经济中所占份额，这一份额依凭于一国的经济实力，而不是政治地位。海伊对国家利益的理解使他相信美国应该为获得整个中国而努力，这也意味着保留中国的领土完整性。

这一方案的含义是十分明确的。尽管始于中国，"门户开放，利益均沾"的应用成为美国全球性的宏伟目标和战略的基础：一个国家在世界经济增长中所占的份额取决于该国的商业竞争力。这是一个有经济竞争力的国家的大国崛起战略。海伊所做的就是用追求利润取代了国际经济关系中的寻租行为。另一个启示是，如果想这么做的话，在一个商业为基础、贸易主导的海上国际经济秩序（如雅典）和一个更加中央集权和平均主义的以土地为基础的体系（如斯巴达）之间存在辩证关系。门户开放政策使美国步入了和雅典一样的海上势力的行列。

新世界秩序

半个世纪之前，第二次世界大战后建立的一些机构，如联合国、国际货币基金组织、世界银行的前身和GATT（世界贸易组织的前身），事实上正是门户开放制度的制度化和全球化体现。世界战争毁灭了列宁在《帝国主义：资本主义的最高层次》中描述的十九世纪末和二十世纪初的全球化。美国领导的全球化的版本将取决于经济份额，而不是固定的势力范围。这是一种非传统的殖民主义或是帝国主义的全球化。

当然，并不是全世界都支持门户开放这一新的世界秩序。苏联和其在中东欧的势力区就并不认可。中国和印度，世界上人口最多的国家以及很多其他地方的国家也并不支持。事实上，世界上的大多数人都在开放世界的边缘。客观来说，门户开放类似于西方资本主义国家和日本彼此竞争的历史。

扩大了的门户开放

半个世纪过去了，由冷战所带来的世界的两极分化结束了。之前苏联在中欧的势力范围内的一些国家，比如之前的捷克斯洛伐克（如今的捷克和斯洛伐克）、波兰、匈牙利，现代都已经成为了北约的成员。使俄罗斯不太高兴的是，格鲁吉亚和乌克兰的加入也列入日程了。加入世界贸易组织并在事实上接受门户开放的国家数目不断增加。一个被9·11掩盖了的重大事件，是2001年底中国，一个迅速增长的经济体和巨大的进出口国家，加入了世贸组织。

俄罗斯是一个未加入世贸组织的大经济体。俄罗斯2008年夏天入侵格鲁吉亚并没有导致欧洲势力平衡的改变，却说明了这一平衡在之前就已经被改变了。俄罗斯入侵格鲁吉亚带来的最大损失是针对俄罗斯加入世贸组织的。事实上，这一进程之前就在进行了。按照要求，俄罗斯已经和所有世贸组织参与国签署了双边协议，除了一个国家：格鲁吉亚。

门户开放，或者按照现在的说法，开放政策已经成为了如今的全球化的基础，越来越多的国家和人们加入其中。 世贸组织、北美自由贸易协定这样的组织以及很多双边贸易协定的基本服务是解决冲突的手段之一。 因为国家想扩大自己的势力范围而使战争变得不可避免的时代已经结束，有规则的参与和竞争负责解决问题。 一国在其他国家试图扩张市场份额破坏规则的时候，可以寻求国际补偿。

美国的竞争力

本书着眼于美国如何在开放的世界与其他国家竞争。 当然，很有可能的是，这样的世界秩序在信贷危机以后已经宣告结束了。 本书假设虽然信贷危机很可能导致巨大的结构调整并在包括美国在内的很多国家引起金融部门的重组，即使在一个不同的、更加规范化的环境下金融创新还会持续下去。 经济紧缩会给很多人带来痛苦，努力工作的人们的储蓄可能会毁灭，但我相信亚当·斯密和大卫·李嘉图的观点：国家的福利来源于提高生产率的劳动力的分工和多样化，但是也受到市场规模的限制。 资本、商品、服务和劳动力的流动性会提升市场规模。

伴随着以美国为中心全球信贷危机的发展，美元在世界经济中的地位受到威胁。 我并不认为事情会向这个方向发展，部分原因根源于对美元地位在欧元扩张和长期经常账户逆差后仍然居高不降的理解。 这一事实在后续的章节中有所涉及。

在美国建国初期，它是一项十分伟大的试验。 传统的政治哲学告诉我们，在大块领土上难以有一个具有代表形式的政府存在：它会分裂分化。 中央集权难以维持。 几个世纪之后，美国对大多数观察者来说不再是一个试验。 我们正面临另一项伟大试验的开始：在欧洲，没有政治联盟的前提下能否建立一个可持续的货币联盟？

欧元

信贷危机为货币联盟施加了压力，揭露了未来的紧张形势可能的源头带来的风险。 欧元对德国马克的利差迅速扩大。 这意味着在使用同一种货币的经济区域内货币成本有了显著的差别。 2008 年夏天，西班牙政府限制了 AAA 级主权国的可接受抵押，这在事实上拒绝了老牌欧元区成员和欧洲央行董事会成员——意大利的政府债券。 最后提点，和其他采用或依赖他国货币的国家一样，欧元区成员并不拥有欧元发行权。 而他们的债务基本上都是由欧元决定。

欧元诞生十年之后，它作为储备货币的作用仍然不如组成它的一些货币：德国马克、法国法郎和欧洲货币单位。 欧元区的进出口只有大约一半以上用欧元结算。 迄今为止的经济一体化，包括货币联盟制度，并没有大幅提高该地区的生产力和竞争力。 事实上，在欧元出现以后的前十年，美国和包括德国、法国、意大利在内的很多欧元区国家相比，人均收入上的差距扩大了。 欧元推广并不能促进地区经济进步这一事实是让人吃惊的。 原因在于，本质上来说货币联盟是政治变动的经济解决方案——在何种条件下，一个统一的德国是可以接受的？

有人说到，欧元会占据美元在世界经济中的地位。 与欧洲政策制定者和大多数中央银行相比，很多相信这一观点的人对欧元的这一作用感到更加兴奋。 传统货币（马克、法郎和埃居）在货币联盟出现之前占世界总储备的四分之一，这一数据到了 2008 年只有少量增加。

美国国债市场的重要性

支持美国的世界货币地位的一个十分重要也可能是被低估最严重的因素是世界上市场程度最高、流动性最强的市场，美国国债市场。 尽管从大小的角度上来看，欧元计价的主权债券市场在某些度量标准下和美国市场平分秋色，与美国国债市场相比，主权债券市场就不是一个单一市场：债券发行人不止一家。 很多债券的发行者很小。 存在不同的拍卖安排、税收制度和协定。 欧元主权债券市场的一个更好的比较对象是美国地方政府债券市场，而不是美国国债市场。

美国国债市场的广度和深度为其提供了无可比拟的流动性和透明度。 其他方面的比较，例如政治稳定、法律法规、基本的创业支持规则、军事力量等因素上的优势使得主权国家可以放心地将它们的一部分储备用美元实现。 但如果欧元不是美元的对手，谁会是？

005

中国的经济崛起和人民币

我在学术会议和研讨会中讲话的时候，人们经常问我中国的人民币会不会对美元构成威胁。 作为一个不断崛起的经济体，中国在 2008 年底的储备已经基本等同于全年 GDP。 中国已经满足了许多公司和投资者最狂野的想象。 中国的经济增长是现象级别的。 中国不接受一些多边贸易组织类似允许人民币更快升值的建议，并不遵循储备结构的报告要求，仅靠本国就实现了世界绝对贫困程度的减少。

从购买力评价的角度，中国经济已经是世界第二大经济体，然而人民币在国际金融中的作用并不太大。 人民币不能被用于投资目的，也不是度量标准、价值储备或者在中国以外的交易手段。 中国的金融机构框架仍在逐步建立中。 用人民币作国际储备资产是超出大多数中国官员的想象的。 而其人民币作为区域性储备资产的功能可以在其实现资本账户可交易和计价货币职能之后被完成。

也许某一天中国的货币会成为世界储蓄货币之一。 也许有一天人民币会成为美元的对手。 但是这一天在几十年之后，而不是几个月或者几年以内。 在出现一个明确而合适的替代之前，在美国被认为已经不再是最发达的国家之前，美元还会是计价货币，也是世界经济的重要指标。

评估美元

除了美元仍将保持全球经济的基础这一事实，与人们的常识性直觉不同的是，美国并没有面临经济萎缩。 美国从来不是他的朋友和敌人所宣称的超级大国。 他将经济实力转换成政治影响力的能力一直是有限度的。

"光辉岁月"并没有那么光辉，在绝对和相对项目上的下降也没有那么惨烈。 一些传统的观点使用了一些证据试图说明美国的衰退。 这些证据涉及了美国的国际地位和影响力的结构变化，像真的一样的经济描述：美国的经常账户赤字、很低的存款率和深度的负净投资头寸。这本书解释了为什么这些现象是不正确的或者是被滥用的。

在第一章中，我展示了为什么美国的贸易赤字并没有体现出美国竞争力的下降。 一个经济学家并不相信也不会用于他们的研究的事实：美国的贸易赤字有一半归咎于内部交易和在同一个公司内部的货物转移。 每次商品或者服务跨过国界，政府统计部门都会在交易账目上记上一笔。 我将展示这一计量方式是如何误导人的。

在第二章中，我研究了那些试图解决经常账户余额上的美元转移，这一交易（包括商品、服务、旅游、工人汇款，以及投资收益，例如分红或者利率）的度量方式。 公司和投资者会发现如果确实是按照这些理论的话，他们面临的压力会小很多。 但是，事实上并非如此，而且有其内在逻辑。 这一章解释了例如资本流动是怎么超过贸易流的，以及一些其他的影响货币，尤其是美元的供给和需求的因素是如何减弱贸易的影响的。

在这开头的几章里，我研究了美国扩张战略的一个基本特征：自产自销。 这在某种意义上是一个中心辐射模型，除了辐条与辐条之间相互联系越来越多这一特点。 这一策略要比之前出口主导作为满足国外需求的主要方式要好得多。 这种战略推动的国际发展也比过去的出口主导的推动方式要好很多。

第三章以资本流动和投资为话题。 国际贸易的基础理论课上会介绍被经济学家称为"一致性"的概念：经常账户余额是一个国家的投资和储蓄的差额。 我认为，美国的经常账户被夸大了。 它并不是衡量美国的国家竞争力的好标准，也不能作为预测美元在外汇市场中的地位的好手段。 一个支持我的理论的事实是：美国的储蓄被低估了。 我对如何被低估这一问题给出了很显著的例证。 同样是在这一章中，我指出了美国在世界经济中发挥的一个无法被替代的关键作用：美国起到了作为世界多余生产的安全阀作用。 事实上，美国行使了世界银行家的职能。 而其结果就是臭名昭著的美国贸易赤字。

第四章聚焦于资本，并提出了这一观点：美国的资本市场对美国的经济发展发挥了被低估的重大作用。 美国劳动市场的流动性被过分强调了。 大多数工人感受到的劳动市场流动性是这样的：入职或是离职如自己所愿，工资和通胀率或生产量不挂钩，每个人对自己的养老金账户负责而不是依赖界定供款计划。

在第五章中，我摒弃了劳动市场流动性，关注了资本市场灵活性和两种资本分配方式：银行和市场。这反过来引起了我的一个判断：资本主义并不比社会主义更庞大复杂。苏联的社会主义实践和铁托在南斯拉夫推行的社会主义是不同的，它和中国特色社会主义的区别也很大。类似的，资本主义国家也有不同类型的行为和实践。这些行为包括一些机构和关系，而它们本身又受到别的一些机构和关系的影响和支持，如同一个有机整体，而不是可互换零件的国家机器。

第六章，重点转移到美元本身上。我记录了美元在世界经济中的作用：它不只是重要的储备资产也是可能和美国货、美国公司都没有关系的国际贸易的计价货币。很多商品一直用美元计价，例如石油，尽管有投机行为和伊朗、委内瑞拉这些深受美元强势欧元弱势情况下货币增值其害的国家的反对。除了和欧元区走得很近的一些国家，美元是投资者和政策制定者衡量一国货币的标准。美元仍是作为干预货币的不二选择。

对美国的开放政策引导的全球化有一些口头批评。《金融时报》的经济类编辑马丁·伍尔夫曾经提到，有些人担心美国正"走在慢性死亡的道路上"，由于其长期的经常账户赤字。其他人，包括投资巨头沃伦·巴菲特和微软总裁比尔·盖茨，也表示了对美国因为贸易赤字而逐渐变弱的担心。近些年，一些原先开放政策的支持者也改变了自己的看法。连管理大师彼得·德鲁克都不再对开放政策有信心。在其前一百年内开放政策为美国发展添砖加瓦，这后一百年内它也会为美国经济锦上添花。

在第七章中我讨论了如下问题。我描述了美国经济和其他主要工业化高收入经济共享的一些基础性变化，对美元波动没有什么直接影响。和一些批评家说的不同，美国制造业工作岗位的显著减少并不是美元被高估的结果。制造业工业岗位的减少在发达工业化国家和一些发展中国家普遍发生，包括被流行观点认为"偷走"工作的中国。美国的制造部门比整个中国经济都要大。在金融危机之前，美国的制造业产出达到了史上最高点。然而雇佣的工人变得少了。这被称为高生产效率。

美国消费者的消费弹性经常被误解，因为观察者习惯把重点放在债务上。 更公平的测量标准是家庭资产净值，它是对资产和债务的综合度量。 在经济萧条之前，美国家庭资产净值每年的增长率比中国全年名义 GDP 的估计增长还要大。

不管怎样，简单看来，美国在许多方面都比之前要更好。 但这些衡量标准都没有被纳入很多美国人的经济分析，而这些经济分析就这样被观察者接受了。

从定量和定性的角度，当代美国为我们描述了这样的图景：受到更好教育的美国劳动力被从繁重的体力劳动中解放出来，享受更多的闲暇时光。 在某些方面，这和美国劳工联合会的创始人萨缪尔·龚帕斯给社会主义的定义是相同的：更多的物质。 这是第八章的话题。

如果资本主义可以被定义为这样的一种社会：权力来自私有产权，那么美国和其他工业化国家代表了一些不只是资本主义的东西。

从 20 世纪 90 年代中期以来，美国向外宣称采取强硬的美元政策。很多经济学家和评论家认为这是一个愚蠢的决定。 他们认为，美元被高估了，考虑到长期贸易赤字，美国应该鼓励美元贬值以扩大出口并减少赤字，与此同时吸收国外资本来削减赤字。 在第九章中，这些问题得到了探讨，并被发现是尚未解决的。

在第十章中，我仔细研究了外汇市场本身。 尽管美元的价值如今经常能在关于所有资本市场的新闻和金融刊物中看到，人们对它的理解是最浅薄的。 而外汇市场却是国际金融中尤为重要的一环。 国际清算银行在 2007 年度的三年调查中预测，外汇市场平均每天的流转是 3.2 万亿美元。 每周的周转足以为一年的世界贸易融资。 不到一个月的周转可以买下全世界在一年内产出的商品和服务。 而外汇市场的重要性比它的巨大规模更要影响深远。 正如我阐述的，它是国际投资回归的重要组成部分。

这一章还考虑了外汇市场的参与者。 从对市场参与者的考察中得到的观点很可能对许多读者对市场的概念产生挑战。 我们脑子后面有的，是一个关于一般市场的非正式模型。 买家和卖家，为了最大化利益，来到市场中通过价格发现过程（买价和卖价），获得市场出清价格。 这实在是太简化了，使人们不能理解外汇市场的实际运作。

这本书在第十一章完结。 这一章总结和合并了这本书里的各个观点。 从这些论证中得到的，不论是个人层面还是总体层面，都是对美国扩展战略如何运作的不太一样的图景。 而最关键的是：它确实是这么运作的。

对金融危机的影响的一些初步看法

我们很难知道信贷危机和新金融体系的各个层面如何影响书中讨论的政治和经济势力。 僵化的体制和民族主义结束了 19 世纪的国际化。这些力量同样可以为开放政策画上句号。 我希望和假设一些别的现象的发生：从金融危机中诞生出更强也更加透明的金融机构。 "垃圾"债券市场能为我们带来一些预见性的东西。 在 20 世纪 80 年代末，当很多人认为公司债券收益很高，他们被耍了。 这是一个被垄断的市场，是从一个人的办公室里决定出来的虚假繁荣。 现在高收益债券市场是诚意资产级别，具有很高透明度，在买方受到密切的关注。 与此同时，也存在着一些进化的死角，例如结构性投资工具、拍卖利率债券，以及"忍者贷款"（为没有收入、没有工作、没有资产证明的人所准备）。

正如私人和公共领域的政策制定者试图平滑商业周期一样，信贷周期本身现在需要更长的时间跨度和更小的规模。 这需要更多的，和之前不尽相同的监管制度和监管者。 这也需要更多的中介化，而不是更少。

蛇为了继续生长会脱皮，金融部门为了危机后全球化的加宽加深需要重建。 挂钩的货币制度在 1995 年到 2001 年成为历史，这一制度对资本高度流动的世界来说太过死板了。 类似的，不只在美国，也在欧洲国家包括冰岛，在新兴市场国家如巴西、墨西哥、韩国、匈牙利和南非，资本流动性和杠杆率的发展超出了风险管理工具和监管制度能处理的范围。

在这本书付样之时，形式仍在变化。 金融危机意味着一些事情的结束，在它的废墟上新的机构、关联实践被创造出来。 可能出现的结果是开放政策带来的海上价值通过转移到更加稳定的基础上而延续了下来。 除非出现了第二个布雷顿森林体系，当然这个可能性很小，一个新的汇率制度下，很可能有更多的公司会采取美国企业基于外国直接投资和从当地的生产和配送中心维护的国外需求，从而提供摆脱变化莫测的外汇市场风险的进化策略。

第一章
第一个误区：贸易逆差影响美国的竞争力

　　一辆在俄亥俄州生产的本田思域和一辆在安大略生产的克莱斯勒城乡商务车相比，哪一辆更能称得上是地道的"美国"车呢？

　　一辆车源于一个设计。工程师构造出一辆车应该看起来是什么样子，以及各个零件如何组装在一起并共同工作。有一部分人开采铁矿来获得制造钢铁的原料，另一部分人开采白金来铸造催化式排气净化器，还有一部分人则负责宰牛用于制造车内部皮座。制造商按照设计将所有的部分最终都聚集到一起并装配起来。当然，在出行之前，车主必须给它加满汽油。每一步都是重要的，但是有些步骤相较于其他步骤来说更有价值。举例来说，屠宰场的工人除了需要体力以外不要求什么技能，而且他制造的皮革对于最终的成品也不是不可或缺的；它可以被织物或者乙烯基塑料代替。另外，工程师则是整个过程中的关键所在。如果没有他的设计作为基础，这些车根本就不会存在。如果他开发出一款很棒的新车型或者一种耗油量更小的发动机，他就能为制造出来的成品增添许多附加价值。他甚至能直接影响到这辆车的销售价格和销售量。尽管不同的工序和过程会带来不同的附加价值，但是适用于国际贸易的结算系统却是着眼于货物和服务在不同国家之间的流动，它没有正确评价所有权。 暂且不说通用汽车公司在其美国的经营活动中遇到的那些比较严重的问题——它们是由关于产品设计和人力资源等方面的糟糕决策引起的，不过这就是另一个问题了——通用汽车公司的基本商业策略非常清楚地证明了一家美国跨国公司内部结构是如何与贸易赤字和美元相互作用的。 当通用汽车在美国制造产品部件，并将它们输送到加拿大来装配成 Chevy 雪佛兰系列小轿车，然后将这些雪佛兰运回美国出售的时候，公司在这个过程中是进行了两次国际交易的：它将这些部件出口并进口了成品小轿车。 部件的价钱是要低于成品小轿车的价格的，所以通用汽车的进口超过了它的出口额，这使得美国的贸易逆差增加，然而所有的交易都是在同一个美国公司的虚拟的围墙里面进行的。 本质上来说，通用汽车是将产品从这个共有工厂的一边转移到了另一边，就像是那穿进地板然后又穿出来的第 49 条平行编制花纹一样（令人惊讶的是，商品和服务在同一个公司里面的流动和转移对美国一半的贸易赤字负有责任）。

我们都听到过这样的担忧：美国已经将其全球霸权地位移交给中国了。 我们的工作将会进入中国，而与此同时，因为中国人买了我们所有的美国国库债券，他们也就相当于正在收购美国政府。 对此最有利的证据正是美国的贸易逆差。 在 2008 年，美国政府记录的月平均贸易逆差为 570 多亿。 这显示出了美国的处境有多悲凉。 由于美国人的消费额往往超过了他们自己的生产量或者是投资超过了自己的储蓄，中国正在快速地显现出其优势并渐渐靠近支配地位。

这种看法是对的么？

错。 但是这正是绝大多数人看待对外贸易的错误方式。 人们往往将过多的注意力完全地集中在那个被称为“赤字”的数字上。 赤字往往被简单地诠释为不好的象征，然而，这些数字背后发生的事情却经常是未经调查的。 美国人提供创意，而这些想法又会产生数额惊人的丰厚财富。 微软公司就是这么一个例子。 他们并不热衷生产那些任何人都能触摸到或者感受到的东西，但是他们生产的软件却改变了我们所有人的生活、工作和玩乐放松的方式。 这个现象我们又该如何解释呢？软件、药品专利、产品设计、秘密配方以及优良的著名品牌在世界各地都为美国公司创造了巨大的利润。 当这些美国公司的产品和服务在自己内部的各个部门之间转移时，就产生了贸易赤字。

贸易结算这个概念经常被错误理解。 它是为了一个已经不复存在的世界设计的，在这个世界中，占优势的国家出口而占弱势的国家进口。 现在，商品、服务，还有创新的想法是在各个国家之间流动的，投资资金也是这样。 公司可以分割成许多企业法人集团，散布在全球并同时保留同一个企业的完整性。 贸易赤字的数额是十分庞大的，但是它并不是国家实力降低的标志，更不是经常被人描述的财政预算赤字的孪生体。 即使从贸易赤字上看不出来，美国工人和美国公司依旧是整个世界羡慕的对象。

贸易结算如何运作

从最简单的层面出发，贸易赤字是出口的商品和服务的总价值减去进口的商品和服务的总价值后获得的值。 然而，对这一过程进行结算就是一个很复杂的过程了。 我们该如何对那些在海外生产并销售，而在美国研制专利并注册商标的商品定价呢？ 如果基本的装配过程是在海外进行的，但是最后的收尾工作是在这里完成的呢？ 如果各个部件是在三个不同的国家制造的又该怎么处理呢？ 如果一个美国的零销商想让服装制造商将商品用衣架挂起来而不是叠起来放在箱子里运输呢？这些衣架将会增加多少价值呢？

为了追踪跨国界的资金的动向，各个国家都依赖于一个名为收支平衡（收支平衡表）的结算系统。

在每个国家，一个中心机构（在美国，这个中心机构是贸易部门的经济分析局）收集数据，将所有在固定时间段内进入该国的进口额加总，然后将其与所有出口项目的总价值相比。 为了便于立论，我们将不考虑数据收集过程可能带来的偏差的问题。 由于政府经常征收关税或者其他种类的税，所以为进口提供官方文件政府也是有既得利益的。为进口提供官方文件也存在一些安全方面的原因。 出口方面就不一样了。 美国的出口总值并不能在官方的数据中得到充分的反映。

所有的交易都被分成三个贸易账户。 商品和服务贸易账户只包括出口和进口。 而经常账户包含了商品和服务贸易账户以及服务、工人侨汇、旅游以及转移支付（也就是外援、慈善捐款、给海外亲戚的礼物，还有资本投资中获得的利息和收益、版税或稿酬和许可证费用）；资本和金融账户包含了个人、公司和政府进行的投资。

当一个国家出口的商品和劳务超过其进口总额的时候就有了贸易顺差。 而当其进口的商品超过出口的商品的时候，就产生了贸易逆差——美国已经连续三十多年处于贸易逆差的情况下了。 直观上判断，我们知道顺差是好的，逆差是坏的，但是国际贸易比这要复杂得多。 贸易顺差并不能说明一个国家处于领先地位，同时逆差也不意味着一个国家的落后。 更重要的是那些导致逆差或者顺差的原因。 是由于其服务行业的工作者很富裕，一个国家才进口吗？ 或者是由于该国的经济基础如此落后以至于没有商品可以出口，就连进口都几乎完全只能以施舍的形式获得，它才进口的呢？

表1.1阐释了2006年到2008年美国的国际贸易交易过程，体现了美国人是如何在全世界做生意的。 贸易逆差是在经常账户中计算得到的，通过用出口额减去进口额（第一行－第二行＝第三行）

表1.1 以百万美元计的美国收支平衡表（2006－2008数据）

排	（贷＋，借－）	2006 年	2007 年	2008 年第一季度
		贸易账户		
1	商品出口	1 023 109	1 148 481	317 813
2	商品进口	－ 1 861 380	－ 1 967 853	－ 528 845
3	**贸易账户**	**－838 271**	**－819 372**	**－ 211 032**
		经常账户		
4	美国持有的境外资产的收入收益	682 270	814 807	198 700
5	其他私人服务	189 050	223 483	60 850
6	美国军事机构销售合同转移	17 430	16 052	4 068
7	旅游美元所得	154 079	173 884	48 958
8	特许权使用费所得	72 191	82 614	22 267

（续表）

排	（贷＋，借－）	2006 年	2007 年	2008 年第一季度
9	国外公司的美国员工获得的补偿	2 880	2 972	757
10	美国政府各类服务	1 155	1 212	314
11	源自外国的总支付	1 119 055	1 315 024	335 914
12	外国持有的境内资产的收入收益	－ 618 467	－ 726 031	－ 167 125
13	其他私人服务	－ 125 221	－ 144 375	－ 38 032
14	直接防御支出	－ 31 032	－ 32 820	－ 8 783
15	旅游美元支付	－ 164 867	－ 171 703	－ 46 239
16	特许权使用费支付	－ 23 777	－ 25 048	－ 6 209
17	支付给美国员工的支出	－ 9 489	－ 9 999	－ 2 561
18	美国政府各类服务	－ 4 021	－ 4 184	－ 1 082
19	向国外的总支付	－ 976 874	－ 1 114 160	－ 270 031
20	源自国外的净支付	142 181	200 864	65 883
21	转移支付	－ 92 027	－ 112 705	－ 31 227
22	经常账户总额	－ 788 117	－ 731 213	－ 176 376
资本和金融账户				
23	资本账户净转移	－ 3 880	－ 1 843	－ 597
24	美国官方储备资产	2 374	－ 122	－ 276
25	美国官方储备资产外资产	5 346	－ 22 273	3 346
26	美国政府持有的境外资产总额	7 720	－ 22 395	3 070
27	美国境外直接投资	－ 241 244	－ 333 271	－ 85 608
28	美国持有的国外证券	－ 365 204	－ 288 731	－ 38 826
29	由无党派外国人持有的美国非银行资产	－ 164 597	－ 706	53 644
30	独有的美国银行资产	－ 488 424	－ 644 751	－ 218 907
31	美国私人部门总境外投资	－ 1 259 469	－ 1 267 549	－ 289 697
32	美国境外总投资	－ 1 251 749	－ 1 289 854	－ 286 627
33	国外政府持有的美国政府证券	453 582	344 367	142 568
34	国外政府持有的其他美国资产	34 357	66 691	30 933
35	国外政府持有的美国总资产	487 939	411 058	173 501

排	（贷＋，借－）	2006 年	2007 年	2008 年 第一季度
36	境外投资者直接投资	241 961	237 542	46 627
37	境外投资者持有的美国政府证券	－58 204	156 825	68 932
38	境外投资者持有的其他美国证券	683 363	573 850	－20 115
39	境外投资者持有的美元	2 227	－10 675	－914
40	无党派外国人的美国非银行债权	242 727	156 290	57 185
41	独有的美国银行负债	461 100	532 813	85746
42	境外私人部门对美总投资	1 573 174	1 646 645	237 461
43	境外投资者对美总投资	2 061 113	2 057 703	410 962
44	**金融账户净转移**	809 364	767 849	124 335
45	金融衍生品净值	29 710	6 496	0
46	**资本和金融账户余额**	835 194	772 502	123 738
47	**统计误差**	－47 078	－41 287	52 638

来源：美国贸易局

　　尽管经常账户的传统组成部分是原材料和最终产品，也包括劳务——但是总价值却不是很好记录。 商品通过海关；在入口处，它们是被清点和检查过的。 但是服务呢？ 当一个英国家庭飞到奥兰多度假，就相当于美国公司出口了旅行服务。 但是这个家庭在旅馆房间、游乐场门票、食物、交通以及附带服务上究竟花了多少钱呢？ 有没有人给旅馆的服务生小费呢？ 很多数字都是估计的，这就有可能会偏离经常账户的真实值了。 （见图 1.1）

　　经常账户（表 1.1，第 22 行）包括货币和商品。 这些支出包含来自美国境外生意的收入，例如那些麦当劳的全球餐馆经营所获的收益（表 1.1，第 4 行）。 经常账户还包括了美国投资者从他们在国际股票市场的投资中获得的股息（表 1.1，第 4 行），以及那些被外国公司雇佣的美国工人挣得的报酬（表 1.1，第 17 行）。 经常账户显示了货币是如何流入和流出美国人之手的，但是它并不总是能够准确地描绘出被转移的总经济价值。 那么，与进口会计服务出口软件相比，进口原材料出口成品是否能让更多的价值停留在美国呢？ 和进口利润出口著名品牌相比情况又怎样呢？ 这和引进女明星出口电影相比结果又如何呢？

经常账户（千美元）

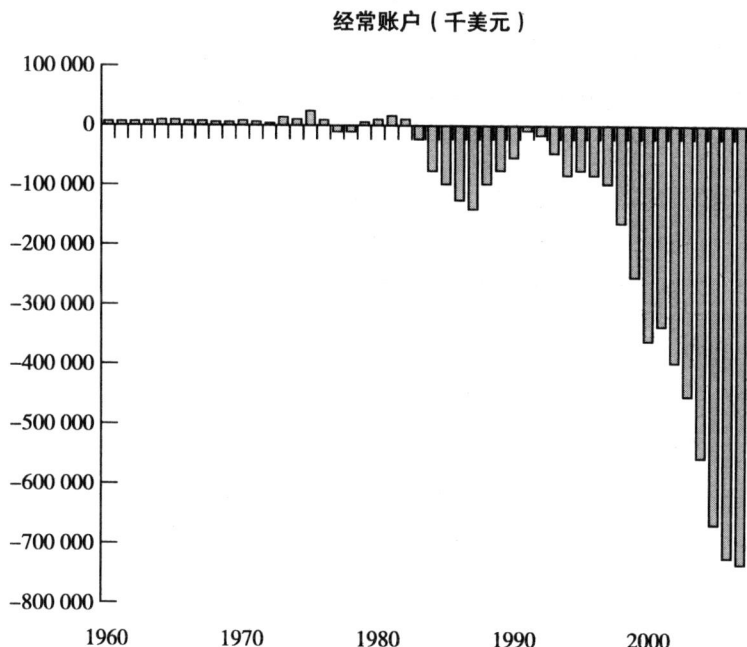

图 1.1 1983 年来美国进口一直高于出口

数据来源：美国经济分析局，"美国国际贸易：2008 年第一季度" 2008 年 6 月 17 日

资本账户（表 1.1，第 23 行）包括非金融资产中的净交易收入，通常是指房地产或者商业。 资本进口和经常账户进口一样，都是具有很大争议性的话题。 他们包括当一个德国或者日本公司在美国收购一个企业或者是建立一个工厂时流入美国的收入，同时，这也引起了人们对外国企业在本国拥有越来越高的地位的担忧。

资本可以被出口，其实美国一直都在出口资本。 麦当劳、可口可乐，以及宝洁公司都通过出口资本成为了国际知名品牌，成功成为本行业的领头羊。 当一个公司在购买一个国际子公司或者是在海外建立一个销售部门的时候，公司就是在出口资本。

由于被美国的经营绑住手脚，通用汽车公司 2007 年在中国卖出了超过 100 万辆小轿车。 这占据了全世界快速增长的汽车市场之一的中国市场将近八分之一的市场份额，也使得通用汽车成为中国最大的海外汽车制造商。 这些车中没有一辆是真正在美国生产的，大多数都是在中国装配的。 记得那个通用汽车设置在上海的厂房么？ 它代表的是始于 20 世纪早期的资本出口。 这种现象并不仅仅发生在通用汽车身上。当人们购买墨西哥的度假托管公寓时，他们就出口了资本。 在 2008 年的第一季度，美国就进口了总价值为 5970 亿的资本。

收支平衡账目是以一个等式的形式建立的：经常账户（表 1.1，第 22 行）等于资本账户（表 1.1，第 23 行）加上金融账户（表 1.1，第 44 行）。 金融账户有两个基本组成部分：私人资产（表 1.1，第 31 行和第 42 行）以及官方资产（表 1.1，第 26 行和第 35 行）。 私人资产是个人和企业对股票或者债券进行的金融投资。 再加上商品、劳务以及公司资本的进出口，一大笔财富在世界各国之间流动着。 在收支平衡表被发明之初，一个普通的美国人就能通过因特网购买一个印度公司生产的软件的事情是不能想象的，更不用说仅仅通过轻轻地点击就能购买在香港交易所进行交易的公司的股票了。 但这就是事实。

因特网、标准化的金融合同以及对于这个世界上存在多少好的投资机会的意识和感知已经吊起了美国人对国际投资的胃口。 要买一个国际共同基金、一个发展中市场的交易所上市的基金或者是一个设立在其他地方的公司的股票是一件很简单的事。 这些交易被记录在金融账户之中（表 1.1，第 44 行）。

从定义上来讲，收支平衡账户必须是平衡的。 可是，它包括了很多很多的交易，且其中的一大部分都是估计数字，这些都导致收支平衡从来不能完全等于 0。 这也是我们引入一个插入变量的原因，插入变量是一个迫使计算过程平衡的统计误差数字（表 1.1，第 47 行）。 它只不过是用来抵消那些估计值产生的不平衡的工具。 可是，尽管理论上它应该是可以做到的，但是实际上它不能在几个季度期间达到平衡。（有些人认为这多少可以反映出走私量、毒品及药品交易，还有恐怖主义活动等海关单据或者所得税申报中未上报的项目。）插入变量往往在统计上是有意义的。 拿 2008 年第一季度来说，估计值为 1 764 亿的经常账户赤字产生的统计误差就是 516 亿。

这就是收支平衡。

这些数字都意味着什么？

由美国政府按季度发布的收支平衡表是建立于一个货币不会自由浮动并且资本流动性是受限制的时代。根据 1944 年的布雷顿森林协议规定，美元的汇率是与黄金价格绑定的，而其他币种是与美元按一个固定的汇率绑定的。政府官员只能通过购买或卖出有价证券和转让的黄金来维持各自固定的汇率。

就像 1997 年之前的泰国所做的，以及 2009 年的今天沙特阿拉伯所做的那样，那些将自己国家的货币与其他国家的货币挂钩的国家仍然需要这么做。当由于房地产价格泡沫，20 世纪 90 年代中期的泰国遭遇通货膨胀时，泰国政府被迫购买更多的储备金来支撑本国的货币。到了 1997 年，泰国政府耗尽了所有的钱，被迫接受国际货币基金组织主持的紧急援助。如果泰国当时准许他们的货币在开放市场中自由浮动，这整个过程都是可以避免的。当然，在 1997 年到 1998 年发生的亚洲金融危机中，泰国也或多或少地放宽了其对货币的限制。

世界各国，包括美国，都保留着一定数额的官方储备金。一般来说，这些储备金是以黄金、外国货币以及国际货币基金组织的特别提款权的形式持有着。当政府坚持要通过许多种其他操作来使一个经济体免受短期资本流动的不良影响，或者通过干预外汇交易市场的方式将国内公司的出口收入进行转换的时候，储备金就会被累积起来。

为了能够给其经常账户赤字提供基金，美国必须成为一个资本的净进口者。如果私营机构做不到或者不愿意这么做，将会时不时给美元带来贬值的压力，同时推进外币的升值，于是外国央行常常挺身支援。他们会购买美元然后卖出自己本国货币。那些愿意承担不稳定货币（正如很多国家经历过的、也被七国集团委婉地称为"灵活的"汇率）可能带来的风险的国家的意愿是根据不同因素变化的。这样的因素有很多，例如国内金融机构的实力、出口对于货币升值的敏感度以及出口部门对于整个经济的重要性。

收支平衡账目是在一个流量的基础上进行计算而不是在库存基础

上，这一点也经常成为人们疑惑的原因。 这意味着账目上的数字代表的是价值的变动，而不是价值的绝对数额。 收支平衡表并不考虑通货膨胀。 它不能考虑到通用汽车在八年前进入中国市场后是如何稳定地增加自己企业的价值，同时在共产党当权后降低资产账面数额，然后通过在中国经济飞速发展的 1999 年对合资经营的投资逐渐恢复了一部分的账面额。 这也是为什么美国的海外投资数额看起来比美国的外来投资要少的原因之一了。 2008 年，当国际收购者开始在美国疯狂购物的时候，似乎在任何地方，任何东西都比其在美国公司刚刚开始起步扩展海外业务的 20 世纪 50 年代、60 代以及 70 年代都要贵了。 经济学家经常用历史价格来估计直接投资。 这些操作价值的变化，不管是由总的物价变化还是投资和专门技术的发展引起的，都要等到它们被卖出的时候才能实现。 当海外企业发展起来的时候，它就能产生资金来进行后续的扩展。 这个时候就不需要更多的资本出口了，但是利润不是立刻就能回到总公司的，当然也没有这个必要。 通用汽车在承受了其在美国受到的种种遭遇之后，开始在中国重新投资其之前在中国获得的利润。 传统的会计方法会低估那些扎根于美国并为了长远利益在海外投资的全球化企业随时间积累的应计利益。

贸易给美国带来了商业。 当有商品进口的时候，总要有一个人把它们从船上装卸下来，然后穿越国家将商品送到消费者的手中。 由于美国有分布在超过 380 万平方英里的面积上的 3 亿消费者，储存、运输，以及营销成本最终可能占了售出的商品成本的 30% 到 50%。 作为销售价格的一部分，美国的这些地方产生的杂项成本显得比其他地方要多一些，这也有助于解释贸易现金流对外汇市场中美元的变化无常并没有那么敏感这个现象。 这些成本也代表了一些美国公司的收入以及一些美国工人的收入流。

贸易核算的守旧世界

贸易核算反映的是一个十分不同的历史时期。 在 18 世纪和 19 世纪，经济学家用机械化的手段着手处理这个世界。 比如经典经济学家亚当·斯密（18 世纪）和大卫·李嘉图（19 世纪）认为，借入的应等于借出的、收益应该等于亏损、出口也应该等于进口，否则这个世界就会陷入一片混沌之中。 但是随着时间的发展，大家逐渐意识到不平衡创造了机遇。 与经典世界观不同，现代世界信奉不平衡。 混沌理论和对大型系统的研究似乎和守旧的方式一起强调了这个问题。 仅仅关注世界的进口和出口总量，就会忽视了人们相互做生意的其他方式。

现代经济充满了塑造商业成功与失败的压力和负担。 平衡则是这个规则中的例外。 而世界的原则，也就是进步，意味着事情已经不再平衡了。 当一个经济体在扩张时，供给和（有效的）需求已经打破了平衡。 这样很好。 资本主义不是一个安谧宁静的小池塘，而是一片喧嚣奔腾的大海。

我们为什么要预期不同的贸易呢？ 因为现在贸易结算是建立于守旧的概念之上的。 这个概念认为，贸易是仅仅关于原材料和最终产品的。 这一概念是在 20 世纪 30 年代由国际清算银行逐渐发展起来的，目的是管理德国对于第一次世界大战的赔偿以及提高货币的稳定性。尽管美国经济大萧条还在持续，美国的工业发展相对于全世界的其他国家来说要更强大，其他国家的工业此时要么没得到充分发展，要么就是被战争破坏了进程。 美国的出口几乎永远超过它的进口，它展现了几十年来收支平衡表中的贸易盈余。 通过用贸易盈余来估量美国相对于世界上的其他国家的优势已经成为了一个普遍的想法。

然而，这个世界变了。 巴基斯坦人购买在美国设计并在中国制造的 MP3 音乐播放器。 他们在这些机器中装载美国、爱尔兰，抑或是在墨西哥生产的内容，然后从美国建立的网站上下载，用的是一个曾经位于荷兰、而现在由一个苏格兰银行拥有但是却印有美标的借记卡。

昔日，当美国公司进口石油，然后压制成黑胶唱片并把它们装进硬纸套筒，之后再运送到海外，贸易结算就简单多了。 但是当电子内容通过电子手段被收购且是通过电子手段支付的时候，守旧的结算系统就失败了。

尽管苹果电脑通过卖出 iPod 赚得了极大利润，每卖出一个都使美国的贸易赤字增加 150 美元。 然而，iPod 的售价几乎是其成本的两倍，这意味着每卖出一部 iPod，一个美国公司的应计利润就增加 150 美元。 而这并没有影响到贸易赤字。 谁会认为如果苹果公司从来没有开发出 iPod，美国就会变成一个更有竞争力的民族呢？ 如果一个中国公司发明了 iPod 而在这里生产的话，会不会更好呢？ 如果一个中国公司开发了 iPod 并仅在中国出售的话情况又会怎么样呢？

收支平衡表是在基本劳动力和制造业构成美国经济基础的时期制定的。 美国人因为他们高水平的技术，包括设计、工艺、金融服务以及任何通常该做的事出名。 这些比制造业能带来更多的价值。 收支平衡账目并不能完全解释这一点。

传统的贸易结算并不是为了不在乎国界的跨国公司的活动而设计的，——当然，除非将商品输送到边界之外需要付税。 现代公司想要出售自己的商品给任何地方的任何人，不管他们是在上海或是芝加哥。他们的活动被一个结算系统追踪记录着，而这个系统是在一个只有一部分国家能从事复杂制造业的世界设计的。 在现代，制造过程可以在任何地方完成。 那些很多人们认为只能在家里完成的白领工作现在也可以在任何地方进行了。 这都要归功于那些扩充使用、控制以及交流功能的作用范围的科学技术。 雇主可以和他们的雇员们交流想法并不需登上飞机就能监控绩效和表现。 他们可以雇用那些承诺在国外也能跟在家一样很好地完成工作的承包人。 印度的会计师、菲律宾的顾客服务代表，还有英国的图形设计师都能为美国付税人、顾客以及他们本国的企业服务，靠近自己的亲人，置身于他们自己的文化中。 二十年前，这些都是不可能的，更不用说当收支平衡表被发明出来的时候了。

境外生产、业务外包和企业内部交易

收支平衡表认为国际贸易涉及两个方面，即一个购买者和一个卖出者。 事情已经不再是这样的了。

企业面对的是在想法和顾客之间的一长串工序链：存货、设计、生产制造、出售、营销、广告、会计、人力资源和办公室管理。 这只是列举了其中的一小部分而已。 现代企业并不是天生具有现在这种形式的,就像宙斯突然想出创造雅典娜一样。 举例来说,在初始时期,生产商品的公司不负责营销和销售过程。 控制和降低成本的内驱力促使公司将各种功能融合到一起。 一个公司可以自有原材料、交通运输、公司大楼甚至是广告宣传。 这被称为纵向一体化。 如果一个公司不是公有的,它并不需要聘请一个外来的结算公司。 但是几乎所有的公司都认为自己做所有的事情是很麻烦并且成本高昂的;相反,员工应该将他们的精力集中在公司最擅长的事情上,并创造供应商和服务供应商的网络来处理所有其他的事情。 经理们负责协调这些关系而不是凭空想象出新方法来安排组织内部过程。 这个过程就被称为业务外包。

有些公司发现将曾经外包过的业务收入到公司内部职能部门也是有道理的。 他们可能最开始只进行些简单的变动,加入会计、法律和人力资源部门,或者他们也有可能通过建立零售店、收购制造商、聘请设计师和改变设计理念与顾客之间的工序链来增加复杂度。 他们也可能在全球都采取这些措施。

人们经常把业务外包和境外生产这两个概念混淆在一起,但是他们并不相同。 境外生产涉及向另外一个国家出口一个商业职能部门。 这是可以通过业务外包完成的——聘请另一个国家的一家外部公司来负责这些工作——或者只要在一个新的国家收购或购买一个新的设施机构并在那儿完成这部分工作即可。 当然,如此之多的全球品牌将总部设在美国,它可以提供的境外生产和外包业务服务规模也大得惊人。 全世界的商业机构都依赖于美国的品牌化、美国的科学技术,以及美国的金融服务。

公司经常通过境外生产或者业务外包来节约资金,但是他们也会通过这些来提高质量、获得更多的灵活性,或者是通过这样的做法来积累地方市场经验。 管理者必须判定建立或者收购他们需要的职能部门是否有意义。 拿做广告来说。 一个企业可以在内部创造并制作出自己的广告。 也许这么做的成本会比较低廉,需要的仅仅只是一些简单的想法或者是一个睿智的员工或临时的毕业实习生的协助。 但是如果这些广告真正有效果,公司会成长为更大规模的企业,就需要全职人员来创造并制作广告了。 然而对于一个制造业公司来说,雇用一些好的广告人士可能有点困难，因为他们不能给这些人提供一个广告事务所所能提供的职业发展前景、多种类的工作以及那些离奇玄妙的办公室文化。于是，这个公司很有可能会将广告业务外包给一个专职做广告的事务所，即使最终这么做的成本要比雇用一些人员来在企业内部做广告的成本高出许多。

接下来，我们想象一下这个公司扩张到另一个国家的情况。在持续将商品运送到国外的时候依然用国内的广告事务所为其进行宣传是明智的吗？即使人力成本更高，公司仍然有可能认为，新建一座制造厂房并聘请一个当地的广告事务所会带来更高的投资回报。事实上，雇用当地机构比依赖于国内的资源能带来更多的利润。不幸的是，为了解决 21 世纪的国际经济关系以及竞争力，国际收支平衡表的结算系统更强调成本的价值而并非利润，尽管最终是利润激发了经济行为并帮助美国公司在国内繁荣发展。

业务外包和境外生产还能让企业和国家接触到那些当地无法接触到的技能。全世界的政治家都喜欢聘请那些使赢得竞选的艺术更加完美的美国竞选战略家。在民主政治——或者说负面竞选宣传——处于发展期的地方，引进美国专家是很有道理的。即使是在津巴布韦。那些起草国际收支平衡表的好心人是否曾经想象过会有那么一天，一个腐败的非洲独裁者聘请一个美国代理机构来帮助他在一个被暗箱操纵的竞选中获胜呢？

经常账户和经济风险

改变公司之间和公司内部的贸易模式带来了巨大的美国贸易赤字。当然，它成了焦虑的来源，但是人们弄错了。目前世界经济、特别是美国经济面对的最大的风险不是不平衡，而是想通过以发展和成长为代价的贸易保护主义来尝试修正这种不平衡。大多数被提出的治疗方案都比设想出来的毛病更加糟糕。如果美国被迫去维持一个贸易账户的平衡，就像有些人提倡的那样，那么，对大多数美国人来说，情况将很有可能演变成更高的失业率、更低的工资以及更低的生活水平。在任何情况下，赤字都不能与疲软自动功等号。

在资本市场具有流动性的世界中，金融资产的价格会十分迅速地调整（也许过快了）。 不平衡的情况可能会出现在货币市场中，或者当公司卖出价格昂贵的资产来购买价格低廉的资产时，不平衡也有可能出现在资产市场中。 不平衡的情况可能且通常产生于货币市场和资产市场上发生的总价格调整。 一个世纪之前，由于少数工业化国家与许多欠发达的经济体之间的鸿沟巨大，而且资本并不那么易于流动，不平衡的情况更严重且更持久。 现在，工业技术和新金融工具使得世界金融市场能够应对更大的不平衡。

人们暗自担心如果美国不能自力更生，它将会变成一个更弱势的民族。 按在 GDP 中占的比例来看，美国进口和出口量比其他先进的工业化国家的要少很多，但是在过去的三分之一个世纪中，许多发育不全的摩擦引致了更多的相互依赖。 美国比其在 20 世纪 80 年代晚期和 20 世纪 80 年代早期之前更富有、更好且更强大，那个时候美国开始记录一个持续的经常账户赤字并再度成为一个债务国。 最近几十年，美国和其他主要工业化国家之间的差距从两个关键指标上朝向美国有利的方向扩展：生产力和人均国内生产总值。

经常账户体现了跨越国界的商品和服务的价值。 它并不能体现其他的任何东西。 当一个美国公司在另一个国家建立一个办公点并按照美国制定的质量规格和指标来制造并出售商品的时候，贸易差额中并不能体现进口或者出口。 地方机构被当作地方性公司看待，而非美国机构。 这也是为什么很多研究学者希望看到一个来进行贸易结算的不同方式，这种新方式关注的是谁拥有这些商品和服务而不是谁购买了它们。

经常账户的以所有权为基础的架构就是这样的一种方法，它是由财政部门的经济分析局单独计算的。 它作为汇报给收支平衡表的平行账目被按年度发布的——所以我们可以很清楚地看到，至少在政府中有些人认识到了这个问题。 这个备选方案也将有可能成为以后的标准。

针对 2007 年度的计算也就是最后一次计算，它告诉我们在所有制架构下，美国出口额为 2.01 万亿，而按收支平衡表系统计算的话只有

1.46 万亿。 按照所有权方法的计算，贸易赤字只有 4 660 亿，而用收支平衡的方法计算出来则为 7 000 亿。 这也体现了美国从他们的国际隶属机构完成的业务中获得了多少收入。

对于我们经常抱怨的那些事情（当然这也是宪法赋予我们的权利），美国有一个稳定的政府，深不可测并且流动的资本市场，还有允许合同和产权随着时间发展以某种方式进化的习惯法的传统。 而如果每当有事情变化的时候都必须有新的法规出台时，那么习惯法的传统不能允许进化的发生。 这是一种令全世界的人都嫉妒的企业家做生意的方式。 在美国，人们按其中涉及的风险程度来评价一个能带来丰厚回报的投资机会。 对于那些生活在经济以每年超过百分之二的速度增长就算很幸运的国家比如日本和德国，或者是国土安全问题上存在很大的不确定性的国家比如俄罗斯来说，这是很吸引人的。 经常账户是出口和进口之间的差异。 就这么简单。 它并不能描述美国的经济气候。一个会计等式并不是对变化的解释或者驱动变化的力量。

科技进步带来的工作流失比贸易更多

美国的生活水平很高。 工人们期望他们的努力能换来好的收入，于是他们将他们的时间和才能投入到那些回报颇丰的事情当中。 基本的制造业一度薪酬很高，但是现在就不是这样了。 尽管没有哪个希望能在选举中获胜或者连任的人愿意承认这一点，但是实际上并不是所有工人都为本国的经济增加了同等的价值。

在当下，很多制造出来的货物已经是商品：高度自动化生产将在别处生产的可以互换的零件组装起来。 生活水平比较低的国家的人们在流水作业线上工作着，工资相比于美国人来说也更低（尽管通常生产力也更低）。 制造业比自给自足的农业要更有趣并且回报更高，但是仍然是苦力活。 如果能成为一个设计师会好很多，他将设计出最终由别的地方的某个工厂制造的产品。 与几十年前相比，现在美国生产出的用于出口的货物通常是由更少的人力制造出来的。 与历史上任何一个时期相比，美国出口了更多的钢铁，但是生产过程所需要的工人却更少了。

贸易并不是对传统工作和生活方式最大的潜在威胁，科技才是。农民们、工厂的工人们以及办公室员工都见证了他们的工作由于科技的影响发生了怎样的变化。 对于那些不得不进行转变的人来说，这是十分残酷的，但是这并不是外贸的错。

除了棘手的贸易赤字和展现出来的逆工业化发展，截止到 2005年（也是有可比性数据的最近一年），美国依然保持着世界上最大制造商的地位，其生产的总产出占了世界总产出的五分之一强。 尽管工厂产出并没有变得更高（在 2008 年的衰退之前），制造过程需要的工人数量却更小了。 在达到 20 世纪 70 年代工厂工人数量的最高峰也就是约 1 700 万之后，制造业的雇佣人数已经在向 1 300 万逼近并持续下降。

此处的关键是生产力：每一个人在固定单位时间内的生产量，例如在一个小时或者一年之内。 美国制造业的生产力在过去的三十年里增长了 160%。 节约劳动力的技术进步这一相似的驱动力已经见证了包括中国在内的几乎所有国家里的工人逐渐被机器取代的过程。

服务行业也展现出了明显的相同作用力。 在大多数办公室中，秘书在运转中的大部分职能已经慢慢消失。 我们是否应该去中国、波多黎各和墨西哥寻找秘书工作呢？ 答案是否定的。 比尔·盖茨和微软办公软件已经取代了他们。 那银行出纳员呢？ 迪博尔德和日本电气股份有限公司以及其他制造那些无处不在的 ATM 机的人们将他们辞退了。

现实：收支平衡不是衡量美国实力的好指标

服务型经济的利润不是在炸薯条的过程中产生的：他们产生于这整个概念，从头到尾。 一群美国人有可能成立一个公司来开发薯条的烹饪方法、设计包装、开创品牌、铺设店铺以及撰写员工培训材料。 然后他们可能会将这整个理念提供给一个在亚洲的收购当地土地并与当地建造商缔结合约的人。 这个人用当地的材料，雇用当地员工，购买当地的土豆，甚至用当地的印刷厂来制作包装。 也就是说，麦当劳出口的是服务：能在任何地方生产薯条的能力。 根据传统贸易结算办法来看，没有任何东西易手——只有想法。 相关的资本流动可能十分微小，仅限于一些许可证费用或者版税，但是交易确确实实发生了。

会计允许人们衡量经济活动，但是却很少见到很精确的衡量。 在六十多年前收支平衡表刚建立的时候，它的研发人员不能想象到我们目前置身其中的经济运转方式。 收支平衡表和贸易结算系统这些保守的度量标准不再为我们提供关于全球政治经济运作的准确描述了。 它建立在一个已经不存在的世界基础上。 它低估了美国公司在全球范围的商业活动中获得的财富。

收支平衡表已经不再是一个特定的国家的经济竞争力的恰当标准了。 它不能衡量美国的经济威力。 它带来的问题多过它为我们提供的答案。 收支平衡表过度强调了最终产品的价值而低估了知识产权的价值。 它不能体现跨国企业运营方式，也不能体现这些企业将自己的业务一点点地分割成小部门的方式，以及在世界范围内分配其业务的方式。 在这样的世界中，它会产生政治经济意义，因为它远远超越了从传统意义上理解的比较优势。 于是，这就导致人们做出错误的、实际上可能伤害美国经济的决定。

当美国商务部每个月发布贸易平衡报告以及每个季度发布收支平衡表数据的时候，人们都会习惯性地表现出唏嘘和无奈。 但是与此同时，美国家庭的财富与贸易赤字一同增长着。 因为他们对未来的投资，且通常用的是别人的钱，公司、个人以及国家都是卓越的。 这制造了赤字。 美国人向大学借钱并期望未来能挣到更多的钱。 他们借钱去购置房屋（即使是在恐怖的金融危机以及随之而来的房屋抵押赎回权丧失发生之后，会居住在自己拥有的住宅中的美国人的比率比其他任何国家的都要高）。 日本退休员工购买美国的国库券来获得 4% 的利息，这样的回报比他们在日本能挣得的要高得多。 美国人通过国际共同基金来购买日本的股票以使他们的退休储蓄多样化。 不管是在国内还是在国外，我们都管理着一系列的赤字和盈余来给个人储蓄找到平衡点，为政府开销筹措资金，或者是制造利润，就像通过将药物销售给那

018

些极度需要它们的人一样。

美国的贸易赤字不是衡量美国实力的标准。 在贸易赤字增长的时期,微软开发了改变我们生存、工作和休闲娱乐方式的新科技。 通用汽车公司成为了中国最大的外国汽车制造商。 可口可乐和麦当劳都进入了印度市场。 在美国的大学中研究的专业人员开发出了互联网的商业用途,这些应用程序使得多年前无法想象的大规模跨国界交易和交流成为可能。 如果结算系统不能展示出这些,那么这个结算系统——而不是贸易——需要改变。

第二章
第二个误区：经常账户赤字驱动美元

货币除作为计价工具之外有着更多的作用。

货币拥有价格，这种价格可以用汇率和利率来衡量。 货币价格上升是好还是坏呢？ 美元对其他货币升值是福还是祸呢？ 美元对欧元升值是否提升了它的世界地位呢？ 美元贬值就意味着美国经济下跌吗？

货币价格，正如其他商品的价格一样，是由供给和需求决定的。由于通过经常账户可以看出进出口的需求，很多人认为经常账户可以表征货币需求。 然而，汇率反映的是国际供求关系中货币的各种用途，包括直接和间接投资、对冲、公司间借贷、工人汇款、旅游和投机等。

资本流动比贸易规模更大，也更重要。 这就使得把资本流动排除在外的一些衡量方法，比如经常账户，扭曲了国际经济关系。 此外，经常账户状况和汇率之间的因果关系，并不像人们想的那么明晰。 特别地，提前知道美国经常账户赤字的走向，并不能准确预测美元的走势。 同样，对美元走势的预测，也不能使得人们更准确地预测经常账户的平衡。 不幸的是，关注贸易收支平衡的政策制定者们通常都没有弄清他们真正希望掌控的力量。

美国是一个庞大的开放经济体。 美国的货币被全世界所认可，

2008 年发生在泰姬陵的事情（那里拒绝接受美元）反过来证明了这个规则。 对于冰岛或是印度尼西亚这样规模较小、多样化程度较低的国家，一些可能导致经济问题的失衡在美国是可以很轻松地被化解的。外汇市场是世界上规模最大、流动性最强的市场，因为货币除了贸易外，还可以被用作投资、储蓄和投机。 美元贬值并不一定能有助于缓解贸易赤字，因为货币不只是简单用于商品和服务流入或流出一个国家。 美元在世界市场上的价值与美国经常账目规模之间有如此小的联系的基本原因之一，便在于此。

货币供求 1.0 版本

工人们把自己的薪水存入银行账户。 当他们去商店购物时，只需出示一张塑料卡片，银行就会把钱从他们的账户转出，划入商家的账户。 没有东西转手，但是货币却被交易了。

每个人的内心都有对绿色钞票和塑料信用卡的渴望，这些塑料卡片之所以有价值，是因为一家由很多银行拥有的大公司，承诺提供一种用它来交易成绿色钞票的信用。 而这些绿色钞票又可以用来交换成需要的商品和服务。 但是为什么这些绿色的钞票拥有价值呢？

早期时代，贸易是以物物交换驱动的，而以物物交换通常都比较混乱。 牛是一种优良的货币，因为他们可以自己走到市场上去，不像谷物，需要被运送。 一段时间过后，一些每磅价值超过牛的物体如贵重金属被用作交易物品。 但这并不总是可行的，因为那些值钱的东西需要被运送和受到妥善的保管。 终于，人们开始使用一些代表底层金属所有权的单据，并将金银存在国库里面。 又过了一段时间，这些单据显示了它自身的价值，并且由一些可兑现的契约，比如支票或电子记账来补充。

为了协助稳定第二次世界大战后的世界经济，1944 年的布雷顿森林协议试图在变化后的环境下，重建一套基于黄金和固定汇率的国际货币体系。 这种美元与黄金挂钩的准则，同样为政策制定者在执行一些政策时提供了可遵循的标准，比如一些可能导致通胀的政策就会使得该国货币贬值。 正如凯恩斯所说，"没有什么更隐蔽的、明确的方法，比使货币疲软更能震荡一个社会存在的根基的了。 而这一过程在破坏方面，利用了隐藏在经济法中的所有力量，并且以一种百万人中无一人能觉察的方式进行着。"

布雷顿森林体系在 1972 年正式宣布解体。 虽然有一些精明的经济学家早在 19 世纪 50 年代末 60 年代初的时候，就认为布雷顿森林体系不可持续，但是他们的观点没有受到重视。 事后人们才发现，布雷顿森林体系对于一种国际货币体系来说太过严格，崩溃似乎是不可避免的。 它产生于存在于第二次世界大战的直接后果中的权力关系（包括黄金分配），随着欧洲和日本的重新崛起，这个体系是不能持续太长时间的。 一些政治巨头追求的扩张项目也由于太过严苛难以维持，比如美国的"大炮加黄油"，欧洲的"从摇篮到坟墓"的保险。

如果一种货币被捆绑在一种基本的资产上，那么这个经济就被这种资产的数量所约束。 探险时代的动力之一，就是为支持欧洲经济增长而产生的对更多金银的需求。 斐迪南和伊莎贝拉才不介意这世界是否真的是平的，但他们倒是真的希望克里斯托弗·哥伦布可以在短时间内带回来更多黄金。

同样，如果货币代表的是其他东西的价值，很多人会更愿意持有那些东西而非纸币。 因而，当货币与金银捆绑在一起时，人们会去储藏金银，阻碍市场力量来调节货币的价值。 这使得纸币正常流通需要很多的信用。

没有与潜在资产捆绑的货币被叫做法定通货。 商业活动和债权人会接受这种法定通货作为支付手段，因为国家政权、政府宣告它是合法的偿付工具。 美国的纸币清楚地规定：**"这种纸币是所有公共和私人债务的合法清偿工具。"**只要我们相信我们的政府是安全的，那么我们就相信我们的货币拥有价值。 如果所有在美国边界上居住的人都像美元一样使用加拿大元，那么加元就会神奇地拥有和美元一样的价值。如果战争区的人们愿意用食物交换香烟，那么香烟就和现金一样值钱。

最简单的来说，货币的价值是由一个人有多大热情将他已有的货币交换成另一种货币，以及他想用多少货币交换成另一种货币而决定的。

这一开始看起来很简单，直到发展到下一步，情况才变得复杂，也就是去辨别清楚整个世界上供给方和需求方的各种驱动力。 经济学家、投资者、政策制定者都在做研究，希望深入了解全球经济的各种信号，而每一个交易者进行交易的原因都成为这些大量信号中的一种，无论他们是买欧元卖美元，或是卖美元买日元，抑或是买日元卖英镑。

一家从英国进口靴子的美国商店需要用美元换英镑，而一家需要从印度进口橡胶的英国生产商需要用英镑换卢比。 然而，还存在货币被交换的其他原因，对贸易渠道起着压倒性作用。 这也就是为何国家间的贸易只能部分解释货币的供求。 一家美国公司在英国开设一家办事处需要英镑，同样印度的投资者也希望把钱转化成英镑。 这些因素同样会影响货币供求以及汇率。

货币供求 2.0 版本

商品和劳务的贸易虽然很重要，却并不是影响美元价值的主导因素。 外汇市场是世界上规模最大、流动性最强的金融市场。 比起其他资本市场，投资者们可能更关心外汇市场。 国际清算银行每三年会组织一次对外汇市场及货币衍生品市场的官方调研。 2007 年 4 月的报告称，货币市场日营业额是 3.2 万亿美元，比上一次报告提高 71%。

除了将世界各国 GDP 加总外，并无其他计算世界 GDP 的办法。各国经济中所有商品和服务的美元价值总和在 2007 年达到 65.6 万亿美元。 仅仅一个月中，外汇市场上激增的营业额超过了世界 67 亿人口一年内生产的所有商品及服务的价值总和。 货币市场上的价格可能反映了基于资本市场而非贸易地位考虑的基本原理。

这种资本市场考虑之一就是投资者本土偏好的下降。 很长一段时间，美国人认为国际投资就是高风险投资，但是这种认识由于金融创新、放松管制、降低壁垒等原因而减弱了。 直到金融危机，美国人已经追逐海外市场上的高回报多年了。 2007 年美国投资公司协会报告，占美国共同基金资产 14% 的 1.7 万亿美元被投资于国际共同基金。 这个数字比 2006 年占共同基金 13% 的 1.4 万亿美元增长了 20%。

货币也很受投机者的欢迎。 很多日交易者放弃了科技股而转向外汇。 不只是乔治·索罗斯在外汇市场上交易,就连你隔壁的邻居也趴在电脑上,期待快速赚钱。 很多投资者意识到,国际投资不只是最富有者一个最明智的附加,相反是一种在日新月异的世界中挣钱的方式。

总体说来,货币的供求同样受到那些并非是货币市场上追求利益最大化的参与者的强烈影响,美元尤其是这样。 企业财务主管认为,外汇波动是需要对冲的风险,而非盈利的机会。 股票基金经理经常将外汇作为外国投资的必要工具,而非一种独立获得回报的源泉(市场专业术语叫做"Alpha")。 债券基金经理通常交换或出售货币,实际上中和了所购买外国债券在外汇波动中的影响。

经常账户赤字的另一视角

正如第一章提到过的,经常账户赤字被广义地理解为进口价值与出口价值的差额。 这一结果是一个数字,而非对经济的评分。 根据定义,如果进口的增速大于出口的减速,这种赤字会变大。 同样的,如果进口的增速小于出口的减速,这种赤字会变小。 2008 年第三季度,美国有高达 1 740 亿美元的经常账户赤字。 但是数字本身并不那么重要,因为我们更关心为何这些数据每季度都在变化,而这通常不是一件容易弄清的事情。

汇率固然重要,但是如果政治家们沉溺于解决贸易赤字,那么他们就会推行一些可能产生其他负面效果的政策而且还不一定能解决贸易赤字。 那样可能大肆破坏国内经济的其他部门,以及国际经济的核心部分,尤其是国际直接投资和金融服务。

如果美元疲软,用其他货币购买美国商品的人可能会降低成本,不过也要取决于商务层面上的许多决策,比如对冲策略、竞争以及需求弹性。 疲软的美元可能有利于美国的出口。 但是对于美国出口最有利的还是坚挺的外国需求。 在最近五年中美元疲软时,美国的出口着实坚挺,但是 20 世纪 90 年代后半段,当美元强势时,美国的出口也同样坚挺。

外国需求本身对一国经济增长的敏感度要甚于对美元水平的敏感度。 而且，如果美元走低，那么进口商品对于用美元支付的人来说就会变得更贵，所以美国人可能会减少对进口商品的购买。 然而，进口需求的减少，契合了经济学家们所说的"需求毁灭"，或者更广义的说，就是经济疲软。 通常人们很难分辨增长放缓的信号（比如低利率）和美元走低的信号，而美元走低在萧条期通常可以造成美国经常账户赤字的缩小。

美国经常账户赤字在 2006 年至 2008 年间迅速好转，但是大多数美国人的情况却是更糟。 整个世界在各种经济指标上也是变得更糟，比如增长率、就业率等。 那种世界整体上趋于平衡的论断，也很难自圆其说了。

与其如此专注于经常账户，我们更需要去放眼看待整体经济。 货币的强弱以及经常账户的规模只是谜团一角。 比如，美国零售价格并没有因为美元而发生太大波动，因为产品售价的大部分产生于运输、分销、市场、销售等方面。 一位中国的女裁缝每小时的薪酬可能小于一美元，但是在美国将货物由码头送至店铺的卡车搬运工、商厦里面的售货员，要挣到更多的钱。

贸易赤字与预算赤字

美国经济在三十年间增长很多，家庭净资产（总资产减总负债）哪怕在贸易赤字时也都有增长。 通常，贸易赤字会被误认为是预算赤字，这两者没有必然的因果关系，但是有些经济学家经常谈论"双生赤字"。 有时这两者不只是没有因果关系，甚至毫不相干。 美国在比尔·克林顿执政期间，曾出现过预算盈余以及贸易赤字；日本也曾有过贸易盈余和预算赤字；伊拉克曾是预算盈余和贸易盈余。 美国应该效仿两者中的哪一种呢？

图 2.1 展示的是运用贸易赤字去记录经济成绩的愚蠢做法。 我们注意到，美国贸易赤字在多年间扩大，而 GDP 却是在增长的。 这是如何发生的呢？ 美国人为世界提供了高价值技术，它们可以被应用于别

的地方的生产之中。 我们正在创造收入用来消费进口商品。 我们的一些关键进口品如石油,对经济拥有较低的工程价值,但却有很高的实用价值。 这就意味着,美国公司通过海外资产和金融投资盈利,而非商品贸易。

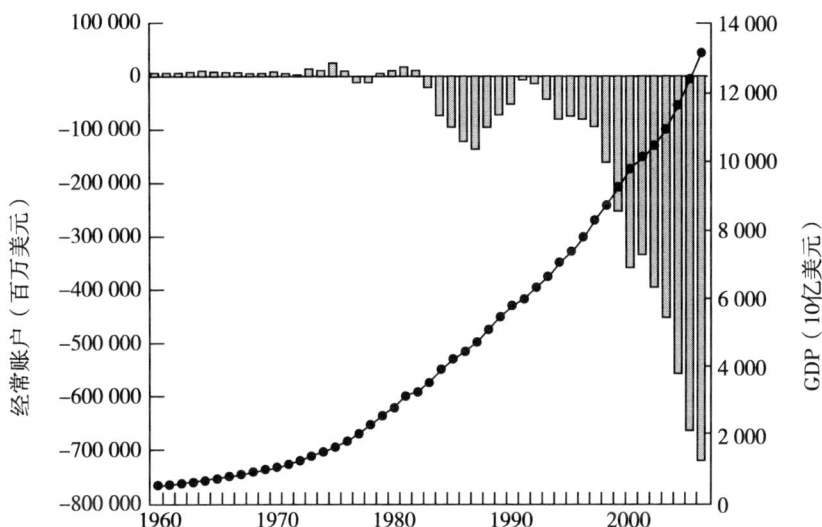

图 2.1 美国经常账户 vs GDP

来源:美国经济分析局:"美国国际贸易:2008 年第一季度",华盛顿:美国商业部:2008 年 6 月 17 日;总统经济报告,2008,表格 B−1,国民生产总值,1959—2007。

与此同时,联邦赤字对于社会和政策选择有很大影响。 减税可能导致政府收入下降,尽管 GDP 在增长。 政府致力于一些政府津贴项目,而且在伊拉克进行了一场代价昂贵的战争。 以上几种情形都与贸易无关。 图 2.2 展示的就是美国贸易赤字稳步增长,与此同时,预算赤字却已扭转。

然而,贸易是经济的关键因素。 美国人进口商品来省钱并得到在美国不被生产的东西。 他们出口商品,为了扩展海外消费者市场。 正如我们所见,贸易是生产分配全球化和公司决策全球化共同作用的结果。

从贸易基于劳动力分配的角度来说,这可能会允许人们做自己最擅长的事情。 律师不需要自己做衣服、自己种粮食;裁缝和农民也不需

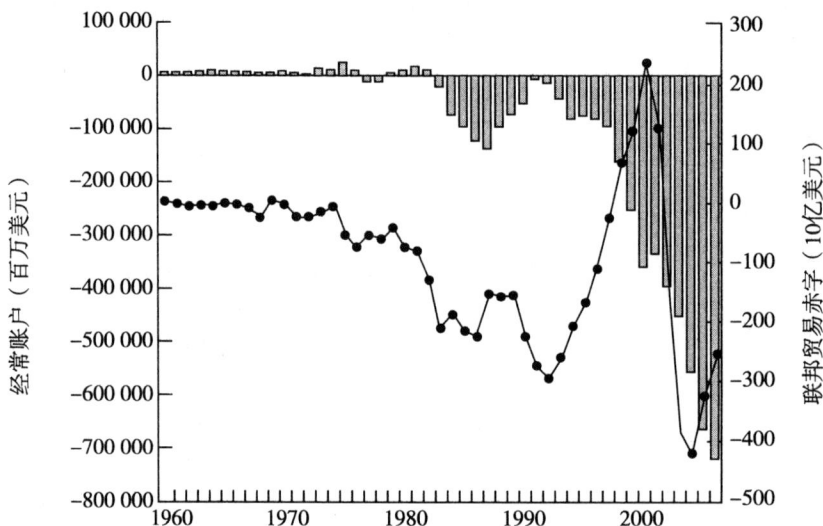

图 2.2 美国经常账户 vs 联邦贸易赤字

来源：美国经济分析局："美国国际贸易：2008 年第一季度"，总统经济报告，2008 年 6 月 17 日。

要自己去打官司。 有了贸易，人们都可以变得更好。 不论是一国之内的贸易，还是全球贸易，这条规律都是适用的。

经济学家认为，如果一方可以比另一方做得更好，那么绝对优势是存在的。 亚当·斯密主要关心的就是绝对优势。 大卫·李嘉图通过比较优势，将这种情况复杂化。 比如，一个发展中国家，可能无法比邻国更有效地生产电脑或是家具，但是或许它生产家具要比它生产电脑更有效一些。 那么，经济学家就认为，生产家具就是这个发展中国家的比较优势所在，它应该专门生产家具。

比较优势不是基于一方做某事要比其潜在的贸易伙伴（拥有绝对优势的一方）更好，而是去做某事不要与其潜在的贸易伙伴所做的一样糟。 一方拥有比较优势却不具有充分的竞争力，这是十分可能的。

进出口并不总是基于最低的价格。 比较优势的法则通常也起很大作用。 比如，一个律师每小时工资是 300 美元。 她同样还是一个文字处理专家——要不她怎么读完了法学院呢？ 她雇用了一个实习秘书，但是他在微软文书软件的使用上要远远慢于她。 可她每小时付给他 16

美元。 她应该开除这个秘书，自己进行文字处理工作吗？

不，她不应该。 因为即使让秘书来做会耗费更长的时间，但是让秘书完成一份文件的成本仍旧要比这个律师自己完成所带来的费用要便宜得多。 事实上，通过雇用秘书来做文字输入的事情，她可以为自己腾出更多时间去处理一些价值更高的法律案件。

比较优势的法则不仅适用于商品，同样也适用于服务。 现在，让我们假设一个美国制造商生产了雪球玩具。 他的美国工人可以制作几乎完美无缺的雪球，但是需要支付他们每小时 10 美元的报酬。 在中国，有一半工人生产的产品由于品质太过低劣而无法出售，但是每小时只需支付这些工人 0.75 美元。 这个生产商应该把他的工厂开设在海外吗？ 当然。 哪怕这种打折扣的生产力不足以抵消显著降低的劳动力成本。 这会使得美国高质量的制造工人腾出手来去生产对质量要求更高的产品，而不是雪球。

在比较优势法则下，普通人、商人、国家都应该专注于自己最擅长的事情。 同理于经济层面，一个人所做的自己最擅长的事情，就是可以使他挣到最多钱的事情。 （可能有很多不好的整形外科医生在家却是很好的厨师，但如果他们可以成功通过考核和认证，他们做外科医生要比做饭挣更多钱。）他们可以用自己挣到的钱去购买他们不专攻的商品或服务。

雪球制造商的员工，下班后可以在麦当劳吃晚饭，然后回家在电视上看《辛普森的一家》。 如果贸易边境是开放的，各种经济活动能够在最擅长的人之间自由流通，那么所有人的状况都会变得更好。 从这一点来讲，那些雪球制作者将会变得更有生产力，并且要求更高的工资，从某种角度来讲，绝对优势和相对优势就可能发生转变，不过这是另一本书要讨论的内容了。

一个国家在世界上最擅长的事情，不总是生产产品和开采自然资源出口。 当一国经济在增长时，它可能需要更多的进口而不是出口，因为商业需要原料和设备。 它也可能需要更多的进口而非出口，因为居民拥有很多钱去消费。 很可能是在本国进行研发工作，然后接洽其他地方的制造商，最终再把制成品运回本国。 贸易赤字与经济增长背离不需要理由。

当一国经济萎缩时，很可能出口超过进口。 可能它正掘尽最后的自然资源以为未来的项目筹措资金。 可能这个国家的人们太穷了，以至于无力购买任何东西，因而微薄的出口相比下会变得很巨大。 可能，一国的产出相对其人口而言处于过剩状态，即使这些产出与世界规模相比算不上什么。 经常账户均衡依旧是个统计数据，但并不能成为整个经济状况的评判指标。

经常账户与货币

看到一支队伍昨晚的胜利，并不能代表今天他们也会赢。 同样，知道当下经常账户的状况，并不表明汇率是多少、将如何变动，或是如何通过交易来挣钱，或是通过投资金融资产来控制它。

汇率不过是一个用另一种货币的价值来衡量这种货币价格的工具罢了。 如果美元今年比去年可以换到更多的比索，那么美元升值，比索贬值。

但是让我们想想每时每刻为了购买物品所支付的价格。 它们似乎有随时间上涨的趋势，但却并不总是如此。 一段时间后，如果存在生产上的规模效应或是对它的使用需求的增加，这种产品的成本就会降低。 举一个极端的例子，电脑装配一直变得越来越功能强大却越来越便宜。 1965 年，英特尔的创始人戈登·摩尔曾说过，一个电脑芯片上的晶体管数量会每两年翻一倍，这就意味着低成本高能效。 这种被称作摩尔定律的关系是成立的。 当一台新的电脑花费更少，且能代替旧的电脑做更多事情，这并不是说它在价值上贬值了。 如果有什么不同的话，这种新的电脑可能比旧的电脑更重要，因为它可以存储、处理、输出更多数据。

这对于货币来讲同样适用吗？ 从某种程度上来说，答案是肯定的。 人们给货币定的价格是一种对其相对价值的表述方式，但同时，也反映着货币的数量和有用性。 如果一国货币易于交换——经济学家称为"可用于经常账户和资本账户的支付"——同时，如果该国政府实行稳定的政策,那么这种货币就比不允许自由兑换货币的国家的要更坚挺。 一种价值由外汇市场来决定的货币通常会持续调整,而固定汇率制度通常会看到更少的调整,但每次调整的幅度都更大。

同其他任何商品一样,货币价值的基本决定因子就是供求。 反过来,供求又受到更广泛的经济因素的影响,但不一定总按照有序或是可预见的方式进行。 如果利率高,其他国家的储蓄者就希望购买债券以从中获利。 他们会对这种货币产生更大需求,而这将抬高该货币的价格。 但如果一国的高利率是由于考虑到经济稳定和通胀而产生的,人们可能就会卖掉手中该国货币的债券,转而投资其他资产。 是什么起决定作用呢? 这要分类而论。 这通常需要具体问题具体分析,很少可以一言以蔽之。

由于存在着难以计数的影响因素,那些影响因素的权重也经常改变,我们几乎不可能简单地只关注一种给定的汇率组合来判断他们的优劣。 正如经常账户,汇率只是一个数字,但不是一种保持得分的方式。

当美国人卖出货币来进口商品时,对于贸易另一方的其他人,他们也在购买货币用于其他用途。 为什么他们想要我们的美元呢? 或许他们处于一个不太稳定的国家,希望投资一种安全的货币来分担风险;或许他们想要在美国购买房产或者投资商业;或许他们看到了美国公司的增长机遇而投资美国股票;或许他们想用美元在一个对美元的偏好高于本国货币的第三方国家投资。 (在津巴布韦,美元比当地政府发行的货币更好用。)

美国的货币供给直到 2008 年 8 月保持在 7.7 万亿美元,超过美国全年贸易额的一半。 当人们互相之间进行买卖交易时,每一美元在一年内会被使用多次,因此这就足够去为美国的贸易融资了。 但是美元的作用似乎比这个更大,因为它被很多人和国家用于交换手段、贮藏价值以及计价手段。

美国几乎所有的进出口都是用美元标价的。 没有其他国家可以享有如此的奢华和特权。 欧洲央行的一项调查估计,2004 年使用欧元的国家,有三分之一的进出口都是用美元标价的。 在亚洲,几乎 80% 的出口和60%的进口是用美元标价的。 日本只有四分之一的进口和约38%的出口是用日元计价的。 因为石油是用美元交易的，任何一个国家进口石油，就必须使用美元。 光这一点就说明了美元在世界市场的供求几乎与其经常账户没有多大关系。

资本账户和货币

贸易账户抢占了风头，但它并不是我们想要关注的账户。 相反，投资者和政策制定者应该让自己多多关注资本账户。 影响资本均衡的因素可以更好地解释市场发展和外汇价格。 例如，在最近十年的超过前5年的时间里，日元相对于大多数贸易伙伴国的货币都要疲软。 基本上，根据成千上万的人（如果不是为了他们自己的经济利益而投票的人和机构）提供的意见，很多原因可以用来解释日元的疲软，但这些解释都过分强调了日本的贸易盈余以及日本正处在最长的现代经济复苏时期。 日元的低汇率反映了投资者对于利率持续走低的预期。

诚然，我们很难证明这个理论是正确的，但是想想哥白尼是如何证明地球围绕太阳旋转的。 简要回答，他未曾证明。 但是通过假设地球围绕太阳旋转而不是与之相反，哥白尼能够解释其他的事实——观察数据。 相似的，如果我们假设外汇市场是被资本账户因素而非贸易因素驱动，大量的其他新事态就更容易被理解了。

因为每个人都如此敬畏地盯着经常账户，被设计用来减少赤字的政策决定也就常常无意地影响到经济的其他方面。 罗纳德·里根成功使得日本接受了对出口到美国的汽车实行"自愿的出口管制"，这个意想不到的结果鼓励了日本汽车制造商去生产边际利润更高的车辆，提升了增值产业链，打开了与美国制造商竞争的另一扇门。 这同时鼓励了日本及其他国家的制造商将厂址设在美国，以便处在贸易保护主义者的围墙里。 这加剧了美国的地区差异，并可能加速了作为车辆制造装配中心的底特律的消亡。

用经常账户为经济打分的痴迷结束了，同时影响了投资和金融账户。 美元贬值的风潮威胁很可能把利率推得更高，无论国内经济状况是否有保证。 作为国内和国外的投资者，都想在加剧的货币风险中寻找一些保护。 这可能阻碍有价证券组合投资流入美国。 美元贬值同样使得美国的实体资产更加便宜，这对那些持有外币的投资者来说是一种减价出售，这种情况是很多希望由政策制定者来修正这种赤字的贸易保护主义者和"美国第一"的支持者所不希望看到的。 对于有海外投资的很多美国公司而言，美元变弱可能鼓励他们通过国外的子公司获取更多利润。 直到美元停止下降。 最终，这些利润变现成美元时会更加值钱，这使很多公司的收益迅速提升。

美国的优势之一，就是其居民的创业动力。 似乎每一个美国人都有一个致富的点子。 家庭商务各不相同，从文字编辑（学期报告撰写）到微软。 美国人非常喜欢在世界范围内冒险。 当美国经理人在另外一个国家发现了新的消费群体，他们激增的冲动不是去出口，而是在那里开设新的公司。

但是那些海外的新公司，并不会对经常账户的出口项目有太大贡献，因此他们不是投资者或是政策制定者关注的对象。 当然，美国强生公司在加拿大有新的公司是件好事，不过如果是美国生产的护肤品出口到加拿大是否会更好呢？ 如果我们关注经常账户短期的变化，而不是主要公司、国家经济长期的财富变化，直接出口是更好的。

然而长远来讲，一个基于海外直接投资（在投资地生产销售）的美国扩张策略，是不受汇率影响的。 这是一种渐进式的策略，可以帮助公司应对货币市场上多样化的束缚。 想要扩张的公司会这么做。 准确的扩张速度以及融资机制可能每年都不同，这要取决于相关成本（当然是汇率以及一些对冲方法共同影响下的），但是趋势可能会慢慢改变。当美元强势时，人们可以削减部分海外订单，转向美国的资源；但在美元强势时关闭一些海外子公司，等到美元疲软了再重新开张，这种利润最大化的策略就困难得多了。

金融账户与货币

让我们来考虑这样的情形：美国人购买中国的商品，沙特的石油。

中国人和沙特人接着用美元去购买美国公司的股票以及美国政府发行的债券。 透过放大镜来狭隘地评判经常账户赤字，似乎美国逐渐变成了外国投资者的殖民地，当然，大部分海外投资者并不是任何政府的代表。

但是看看这本书为大家勾勒的思路，大家没有理由去过分地焦虑或多疑。 外国人对美国的创造力、创业精神和稳定性都很感兴趣。 这些方面并不能用经常账户来衡量，而是要用金融账户。 这就包括了美国海外资产的所有权，以及外国人对美国资产的所有权。 依次地，这些资产可能包括股权、债券、银行账户、直接投资。

此外，经济学家和媒体常常低估了美国对境外资产的所有权。 如果以当前花费计算，截至2007年底，美国拥有17.6万亿美元的境外资产，较2006年的3.3万亿美元有较大增长。 事实上，美元的贬值促进了美国的境外投资。

在两百多年的历史中，美国一直是世界过剩人口、过剩商品、过剩储蓄的安全阀。 直到第一次世界大战，美国或多或少开放了移民，吸引了世界上大批疲倦、贫穷以及渴望自由的人。 甚至到了20世纪八九十年代，每年依旧有一百万人选择定居美国。 第二次世界大战后，美国成为世界过剩生产的安全阀，因为美国政府严肃认真并努力地从欧洲、日本进口物品，创造市场来帮助他们重建经济（并且避免回到大萧条或是共产主义泛滥）。

自从1980年起，由于各种原因，世界各国不能或不愿吸收那么多存款，美国就成为世界过剩储蓄的安全阀。 的确，与其说是经常账户驱动资本账户，现实中却似乎是资本账户驱动经常账户。 这并不只是一个先有鸡还是先有蛋的问题。 考虑到资本市场（相对于商品服务市场）的相对规模和重要性，似乎正是从国外进口的储蓄使得美国可以买得起外国制造的商品，哪怕是一些美国公司分支机构的产品。

美国愿意为世界过剩储蓄打开大门，是一种其自身应对经济挑战的尝试，这种挑战已经产生了自从大萧条之来最严重的经济下滑（一直持续到2007年信贷危机前）。 吸收世界过剩存款需要更大的贸易赤字，一定程度上需要更多的努力去促进资本的流动性和创新性。 信贷危机部分根植于对以前主要资本主义危机的战略解决方案的过度使用，同时也意味着世界在寻找新的更具挑战的结构性、战略性解决方案。

经常账户和货币的现实

美国诞生于帝王时代，总是想把自己塑造成全球领袖。 在现代，正如马德琳·奥尔布赖特的拙劣论调表述的那样，美国已经成为"不可缺少的国家"。 但这并不能反映在经常账户状况或是美元的变动中。

经常账户赤字并不是美国经济实力的衡量标准，因为它部分显示了一个国家是如此富裕，以至于可以通过购买他国商品来帮助其他国家发展。 美国公司通过在海外开设子公司来鼓励国际发展，他们更愿意进口利润，而不是出口商品（尽管它仍旧是主要的出口商）。

需要明确的是这并不是美国优越论。 这只是规模效益。 2007 年 13.8 万亿美元的 GDP 是世界上最高的；排名第二的经济体日本，也只有 4.4 万亿美元的 GDP。 它陡峭的规模意味着美国可以采取与其他国家都不同的境外经济策略，这不仅可以使美国自己更加富裕，也会使整个世界变得更好。 我的观点是，国际经济增长和发展并不一定是聚焦经常账户的零和博弈。

当然，资本市场在贸易和汇率中的作用让政治家大吃一惊。"我们拥有更好的资本市场"，并不能使得国民可以同样骄傲地呼喊，"我们生产最好的汽车"或是"我们拥有最具生产力的国民"。但是这在现代世界中却是事实。 经常账户并不能展示美国的实力，也不能预测美元价格。 相反，美元的价值是由一个包含所有因素的函数决定的，比如人们为何买卖美元，美元是否用于贸易、经济扩张或者投资等等。

第三章

第三个误区：你不会拥有过多的货币

货币只是一个工具。它可以被拿来做好的有利润有回报的事情，也可能会因为没有被恰当地使用而被浪费掉。正如同其他的投入一样，货币的供给可以超过对其有效的需求。

除去社会赋予给它的价值之外，货币只是没有价值的纸张而已。它是一个社会构想的概念。大多数人似乎仍然想要拥有更多钱，但问题是到底要多多少呢？是要多到足够买各种日常杂货，还是多到足够在赌场玩老虎机并且毫无愧疚之心呢？如果一个人手头只有一点闲钱——不够来买一个精彩纷呈的假期或者是一辆时髦拉风的小跑车，只是一点小结余——他可能会将这笔钱放在银行里，为了一次旅行或者是为了应付他现在的车未来可能出现的维修费用而攒钱。如果银行并没有发现好的贷款需求，或者是不想将这笔存款用于其他目的，这笔资金就会放在那里；不会自动产生更多的财富，但是会和印刷纸币的纸张的价值没什么区别。银行给存款人提供的利率是比较低的，因为银行不能在无法阻止减弱的需求的情况下向借贷者索要更高的利率。

从 20 世纪 90 年代到 21 世纪，美国的利率一直都处于比较低的水平，尽管美国人不会按照经济学家定义的储蓄方式存钱。（举例来说，美国人储蓄的两个重要方面没有被包含在传统衡量指标中。 它们分别是退休储蓄的回报，例如401k计划和个人退休账户，以及大量花费在被当作消费看待的高等教育上的费用。）这暗示着资金的供给是来源于其他地方的，那么具体是来自哪里呢？ 2005年，在当选为美联储委员会主席的几年前，作为初级官员的本·伯南克发表了一个演讲。演讲中他提出了一个解决方案，针对所谓的格林斯潘难题——为什么在美联储财政紧缩和合理的强劲经济扩张之后，长期利率还是处于一个相对较低的水平。 伯南克给出的答案是一个全球储蓄的供过于求。 其他地方的人们的储蓄远远超过了他们本国经济的实际用途所需。 他指出很多发展中的新兴市场国家都已经成为了净资产出口方。

事实上，过多的货币对于一个经济个体来说与货币过少一样糟糕。一个国家通过借入和借出海外资金来平衡他们国内对现金的供给和需求。 根据资产流动的程度，可以将它配置到拥有更多有效需求的地方。 就拿日本人来说，他们的货币相对于他们的货币生产网点来说就太多了，于是他们可以通过购买外国债券例如美国的政府证券和澳大利亚以及用美元标价的新西兰债券来出口货币（而他们实际上也是这么做的）。 这一章讨论的是伯南克定义的储蓄盈余问题并着眼于它的一些启示。

银行和货币供给

银行不是货币的天然栖息地。 相反，如果你愿意的话，银行更像是货币从一个地方流动到另一个地方的过程中的驿站——中介机构。银行高高的穹顶只是摆设而已，因为银行并不能真的靠在这个穹顶下留着的现金赚钱。 正如其他任何零售商一样，银行需要转移这个存货。当然不同的是，银行不是用肥皂和洗发露赚钱，它的交易是用钱进行的。 事实上，小额银行业务产生的回报是如此微乎其微以至于很多银行力图将自己从存款核心业务中解脱出来，把精力投入到投资银行业务和保险业务中。 信用危机质疑了这样的策略。

正如其他业务一样，一个银行的存货不是固定的。 货币供给是活动的。 当供给和需求根据变化的业务和投资条件变动的时候，货币供给也随之变动着。 在边际储备制度的条件下，货币供给是这么变动的：如果一个人在他的银行账户中存入 1 000 美元，银行会把其中一定百分比留在自己手中，这个百分比是由央行决定的。 这个百分比使得银行可以达到提款要求，不管是来自这个存款人那里或者是从其他顾客那里。 这笔钱中其余的部分将会被贷出。 如果这 1 000 美元中的 25%是作储备金保留的，那么就有 750 美元可以贷款给其他人。 存款者的账户中仍然有 1 000 美元的结余，而借钱的人的账户上就有 750 美元结余了。 只要贷款是被投入有回报的用途并被还清，那么所有人都很开心，这也是绝大多数情况下会发生的事情。 即使是在信贷危机期间，压倒性的大多数贷款和抵押都按照一种及时的方式被支付。

如果银行不在存储者和借款者中间起到中介作用，存款者也可以把钱放在床垫下而不是开一个银行账户，这样他还是会有他的 1 000 美元。 他的钱就不会被用于有生产力的用途。 这样不仅仅是他会错过得到利息的机会，那个踌躇满志的借款者也会因为错失了创造消费或者扩张新业务的机会而十分失望。

一个银行可能不太会用到额外的钱并通过提供一个很低的存款利率来暗示这个信息。 也许在这个银行所处的地方没有借款者，但是这个世界上的其他地方却有很多。 存款者决定将他额外的 1000 元存到另一个国家的账户中。 他的存款所赞助的经济活动将会发生在那个地方，而不是这里，即使他将来可以在这里直接收获他的利润。 这仍然是一个非零和的操作过程。 每一个人的状况都更好了。 有人得到了他急需的资本，而存款者也从他的储蓄中获得了利息。

经济体需要货币，就像人们需要血液和氧气一样。 不要将货币想成可以流通的有形的硬币和钞票，应该把它看成在现代经济中货币可以存在的所有其他方式。 如果它在足够长的时间内足够便宜，它就会在投机买卖、过度的风险承担或者是像经济学家 Hyman Minski 所命名的"资产负债表构造"的过程中被浪费掉。 当一个银行或者企业有过多的资金的时候，它就可能会去冒在没有钱的时候不会冒的险，在信贷危机中类似的数不清的事例在许多国家被曝光出来。

如果银行没有足够的钱来借出，那么这稀缺资源的分布中可能就不包括拥有好的企划项目的踌躇满志的借债者。 抱有希望的房产拥有者可能愿意支付30%的预付款并获得比年度抵押付款高出四倍的收入，但如果借出者没有资金和兴趣冒这样的风险，就没有贷款行为会发生，也没有房屋会被卖出，于是就没有委托金、不需要搬运货物的货车以及刷新漆的工作。 流通的货币就更少了，经济也收缩了，就像2007年到2009年期间我们可以从先进工业化国家见证的一个同步的衰退一样。

此外，不对外发放贷款的银行就没有收入可以来支付存款者的利息。 存款者可以将他们的钱拿到别的地方，让这个经济中的货币数额进一步缩减。 即使是将钱存放在床垫下都好过被迫支付大量的服务费用。 据传闻，马克·吐温也曾经嘲讽说有的时候能够将你的钱完好地拿回来比通过它获得回报要更重要。 这也是在信贷危机中我们在某些时间看到的情况，当投资者会愿意接受短期美国国库券带来的几乎是负的利率的时候，他们似乎是宁愿偏好这种有保证的比较少的损失，也不为一个潜在的前途未卜的破坏性的损失冒险。

资本到底在这个世界的哪个角落

在20世纪90年代的后半段发生金融危机之前，亚洲和拉丁美洲的新兴市场国家是国际资本市场的净借贷者，仅仅在1996年一年就达到了800亿的数额。 从1994年的墨西哥到1997年至1998年的亚洲金融危机，1998年的俄国，1999年的巴西以及2002年的阿根廷，新兴市场中发生了一系列的危机，在此之后，局势就改变了。 这些危机导致了对于投资资金需求的急剧下降，这扩充了可用资金池的容量以努力寻求诱人的投资机会。 在那些成为危机重灾区的发展中国家，国内的需求急剧减缓，使得等待出口货物有了大量剩余，导致货币贬值，需要用欠发达的当地金融市场来调配新的盈余。

全球的储蓄者都将他们过多的储蓄存入美国，美国再进行有利的重新部署。 美国在这个过程中担当着世界银行家的角色。 美联储不仅仅是美国的中央银行，它同时也是整个世界的银行家，而这个角色在危机过程中似乎也得到了巩固。 这个事实可以通过许多衡量方式体现，包括通过交换便利来使许多主要的央行例如欧洲中央银行、英格兰银行以及日本银行，得到无限量的美元。 一些发展中国家，包括墨西哥、巴西、韩国和新加坡能获得的货币交换渠道要受到更多限制。

美国经济是十分安全的，安全到以至于许多其他国家在美国联邦储蓄局储存他们的储蓄。 美国联邦储蓄提供了这样的账户监管服务以及货币供给数据，一周发布一次他们监管的客户的活动的汇总报告。 他们处理着来自 250 个国家的总值大约是 24 万亿的国库券、其他证券以及黄金的投资，这是全世界一半的以美元标价的储备额。 自然而然，美联储会对这些服务收费，但是显然这笔收入并不会减少联邦赤字。

关于外国官方持有的美国国库券数额引起人们对于以下问题的思考：如果这些国际投资者卖出一部分他们持有的美国国库券，又会怎么样呢？ 诚然，有些国家确实时不时地会出售美国国库券来管理他们自己的交易账户、国际预算、金融债务以及出于管理储备的动机。 如果想要对任何联邦政府保持借钱和花钱的能力进行阻挠，这样是不够的。尽管很少有哪个外国央行不是美国国库证券的净买入者。 说实话，那些本质上变化无常的美国国库券投资者是对冲基金以及美国投资者自己。

当然，世界上永远都有大规模销售的可能性。 但是，在任何国家可以出售之前，他们必须找到一个地方来存放基金。 没有哪个床垫大到能够储蓄 24 亿美元。 没有任何其他国家有范围足够广、足够深的资本市场来吸收这些资本。 拥有着世界最大经济体的美国，同样有着全世界流动性最好的主权债券市场，这使得它成为世界盈余资本的最理想市场。 除了购买美国国库券之外，有些国家还通过购买非美国券来使他们当前的新储备流变得更加多样化。 他们并不需要通过卖出国库券债务来实现这个目的。

信贷危机给我们带来的一个教训是：世界经济是很不稳定的，这很危险，需要更多储备而不是更少。 所需的这种国际间的努力很有可能是需要通过创造多国储备金存量以及调换安排网络进行的更多合作来补充的。 在储备金积蓄过程中，有另一个非零和的机会。 全世界的中央银行都在以美元和欧元的形式进行储备（当然也或多或少地有其他形式，例如英国货币——斯特林）。

尽管那些杞人忧天者几乎是在持续地哀号着，但是并没有证据显示中央银行作为一个整体减少了他们的储备，一美元都没有减少，这个情况一直持续到 2008 年中期。 在 2008 年下半年，有些亚洲国家涉入进行阻挠来支持自己本国的货币，这可能也减少了一些国家持有的国库券。 俄罗斯在随后的 6 个月中丢失了他们在 2008 年 8 月初持有的接近 6 000 亿储备的三分之一。 售出有些被持有的国库券是预料之中的。 尽管如此，在 2009 年初，联邦储备系统替外国官方账户托管的、适合在市场出售的国库券以及证券的数额达到了前所未有的高度。

经济、货币供给及储蓄

货币影响经济体的健康。 货币太少，就不会有任何资本投资。 货币太多，投资者就没有冒风险的激励。 而重要的并不仅仅是在系统中浮动的货币的绝对数额，而是货币的流动速度有多快。 这个衡量标准是流通速度，且它能告诉我们一美元花多长时间就能翻倍。 如果你在周五发薪日出去吃晚餐，而不是回家洗劫自己的冰箱将就着吃一顿，那么你的钱将要更快地被投入使用。 如果服务生带走了他得到的小费，然后在他下班途中到杂货店逛逛，与他把钱存到他的储蓄账户中相比，这种情况下货币翻倍的速度要更快。 如果杂货店在周一早上向他们的经销商付款，那么这些货币就会持续流动，如果这笔费用晚一周再被支付，那么它就不会。

货币供给的流通速度越大，支持经济增长所需的货币数量就越少。尽管当流通速度过大的时候，每个人都会忙于花钱以至于他们来不及做任何其他的事情。 在信贷危机的过程中，美国货币供给的衡量指标在联邦储备系统的迫使下持续扩大，但是流通速度（国民生产总值除以货币供给量）似乎在名义国民生产总值急剧收缩的时候陡降。

042

从货币到资本

货币的一种极其有趣的存在形式是可以用来进行投资和储蓄的货币中的一个组成部分。 通过阅读出版社的发行物以及听取荧屏上发言人的言论,一个普通人就能够总结出美国没有足够的储蓄和投资。 但是,正如在全球变暖的条件下发生的那样,这个世界上的有些国家有可能会经历更冷的天气,所以,资本主义的根本问题就是资本盈余。

查尔斯·科南特是美国第一批检验资本盈余的经济学家中的一个,他也是在 1893 和 1903 年之间发表的文章中写到全球经济的记者和银行家。 他分析了用萧条、惊慌和危机来描述的从 1865 年到 1900 年间的一半的时间内,现代工业资本主义的问题。 这些惊人的兴旺发展和破产发生于美国占领他们第一块也是唯一一块殖民地(菲律宾)的时期,世界全球化的规模已经达到了一个前所未有的程度,并且由于随后就发生了两次世界大战,这两次战争的规模是在之后的五十年中都再也没有出现过的。

科南特相信,美国频繁地发生经济危机是现代资本主义的一部分,并且是生产机械化的最终结果。 由于生产力和产量的激增超过了人们所能想象到的程度,有太多的货物被生产出来。 相对于可变成本,机械化的过程使得企业的固定成本提高了。 反过来,这也为企业持续生产提供了强有力的激励,即使最终的结果是损失也比关闭厂房停下生产要好。 对他们来说,固定成本被处理成债务是比较好的方式,但是这也同样创造了资本盈余,直到供给超过有效的需求。

对于每一个有过多储蓄的国家,都有一个与之对应的有着短缺的国家,至少是缺乏投资资本的。 有能使资本在全世界流动的能力可能就能够阻止在积蓄的资本供给与资本需求完全不同的地方发生的破产或者迅速发展。 科南特认为,如果不这样资本的回报率会下降,这种现象如果不加制止就有可能产生有深远影响的政治和社会后果。 科南特意识到,现代资本化产生了盈余,其数额远远超过可以通过国内消费和投资的增长被合理吸收的储蓄的数额,这种情况不仅仅发生在美国,同样也发生在其他的工业化国家。 解决方法就是出口这些过度的储蓄。

科南特观察到,当一个证据充足的有利可图的机遇浮出水面的时

043

候，资本就会迅速流入，创造作为资本竞争池的冗余发展出了利用这一机会的能力。 这正是在一个多世纪之后发生的情况，当科技改革引起的生产力增长导致过多货币的时候。 为了吸收美国的资本供给，货币流入居民房地产市场，过多的坏账也就此产生。

冗余投资会引起物价的普遍下降。 乍看之下，物价下降表面上是好事，但实际上并不是这样的。 通货紧缩发生于货币供给大大超过他们的需求的时候。 在企业和消费者坐观物价下降的时候，他们实际上是在等着看那最终的底线价格是多少，这样他们好决定进行购物的时间。 想想那些假期的折扣吧：圣诞节之前的那个星期六通常是整个购物季最大的折扣日，而且不仅仅是因为有些人会延迟。 相反，聪明的购物者都在等待最好的折扣的到来，他们知道因为商家对登记收益越发绝望，所以他们会开始降低价格。 通货紧缩有着同样的效果，唯一的不同是通货紧缩的对象是整个经济并且没有 12 月 25 日这个截止日期。

典型的，债务人是会在通货膨胀中受益的。 他们实际上是在用价值更小的美元来还清自己的债务。 然而，通货紧缩则有着相反的作用。 他们是用更值钱的美元在支付债务。 考虑下这对于利率的冲击，以及对还贷成本的影响。 如果真实利率等于名义利率减去通货膨胀，那么在物价上升的大环境下，实际利率低于名义利率。 然而，在物价普遍下降的过程中，实际利率比名义利率要高，也随之加大了还贷的难度。

反积蓄和净新资本投资

在经济发展的第一阶段中，基础设施刚刚创立和构建，储蓄是至关重要的。 企业需要投资资本来购置资产、厂房和设备。 当企业发展和扩张的时候，他们的留存利润为他们的新投资资本提供了最佳份额，使得他们能减少对外来资源，例如家庭储蓄的依赖。 先进的资本主义经济的标志之一就是基础设施已经构建完成。 当然，它时不时地仍然需要被维护、进行现代化以及更新，但是经济学家称之为"资本扩张过程"的情况已经普遍发生了。 一般水平下，这个情况与一个人考虑大型家用电器的普及率时的情况是一样的。 20 世纪早期，普通家庭要求一个这个世纪新的耐用消费品——包括室内的浴室、冰箱、火炉、电灯和清洗机器——为经济增长提供燃料使其增长到一个更高水平。

一些美国历史学家,例如马丁·J·斯高拉和詹姆斯·利文斯顿都提出在 20 世纪早期,经济模式有一个很重大的停歇。 在第一个阶段,驱动力是资本积累。 为了能生产更多的商品和服务,更多的工作时间是必需的。 对于资产设备的新投资也是必需的。 消费必须被延迟才能使一个国家能聚集足够的积蓄给基本的投资供给经费(在有限的国际资本流动性的条件下)。

这些条件都不是永恒不变的。 企业和科技释放并束缚着人们深不可测的生产能力。 如果从历史观点来看,在 20 世纪初期人类社会并不因为货物的稀缺而受折磨,这个问题逐渐演化成货物的盈余。 它是科南特过度储蓄问题带来的后果。 从第一次世界大战发生的时候开始,工业生产在没有工作时间同步增加的条件下就已经实现了增加。 消费必须被扩张而不是需要推迟消费来推动投资。 传统上,商品被生产出来供人们消费。 现代社会却因为满足人们的消费来维持生产而将两者置于并列地位。

为了能维持高水平的消费,发达国家必须不同程度地使消费能力与工作收入脱钩。 这可以通过转移支付和津贴项目实现,这也是美国最近几年普通家庭收入增长的最重要来源。 大公司通常会使他们自己脱离对用于投资资产、厂房和设备的外来资本资源的依赖。 留存利润足以支付大多数的投资。 事实上,在 2007 年下半年的金融危机开始之前,美国大公司借的钱中大部分似乎都被用于给股票回购项目筹集资本。

另一个驱动力是工作上的。 每一年,企业都要考虑通货紧缩来反映投资于资产、厂房以及设备的资本的价值的最终下降。 在损益表中,通货紧缩作为一项支出出现,但是实际上并没有花掉任何现金。最终,折旧的东西将会不得不被替代。 当其发生的时候,公司很有可能发现新的替代品在科技上比旧的机器要更优越。 新的加热、空气流通和温度控制系统可能会更节能。 新电脑也许能够更快地处理更多数据。 新卡车可能速度更快并且更容易装载。 所有这些小的变化会积累起来，并帮助公司在不增长净新投资（除去折旧）的条件下进步——同时也不需要外来的资金。

著名经济学家哈罗德·瓦特将这种情况称为"净有形投资的萎缩"。替代投资体现了科技进步。它既可以节省劳动力也可以节省资本。这允许公司们花费更少的固定资本去生产更多的新产品。美国家庭储蓄的缺乏，正如其通常被官方衡量的那样，并没有也不会延误经济增长。其他发达工业化国家，例如德国、日本，以及瑞士，都拥有比美国更高的储蓄和投资率，但他们并没有比美国更快地增长。反积蓄和"净投资萎缩"是科南特指出的过多储蓄问题带来的后果。

大型的美国公司都有绰绰有余的资金用于国内活动，且其中的许多公司都出口了一部分盈余到国外。他们出口资本在国外建立分支机构，而不仅仅是生产产品用于出口。同样地，科南特认为，用自己的资源和企业去投资所需的聚集资本的核心驱动力已经达到了回报递减的临界点。出口资本（除了货物以外）对于降低给回报带来下降压力的资本在国内的聚集是很必要的。

现代经济的挑战不在于积聚资本；而是在于寻找产生高度生产力的资本用途。一个信奉资本流动性的国际货币机制会使得适用领域扩大。在探索这些机遇的过程中，资本出口以传统货物出口所不能做到的方式，导致世界上其他地区的发展和现代化。

资本和发展中的经济体

尽管家庭储蓄不是近几十年美国经济成功的关键，但是他们对于发展中国家来说仍然是重要的。在发展初期，家庭储蓄对于资本扩张阶段的投资资金积累来说仍然是必要的。穆罕默德·尤努斯，一个曾获得 2006 年诺贝尔和平奖的经济学家，曾亲眼见证孟加拉国的穷人对于工作和挣钱的渴望，但是他们没有办法开始，因为他们没有钱来购买农业器具、手工用具或者是商店存货。尤努斯开始自己掏钱来进行小额贷款，这后来也导致了孟加拉乡村银行的形成，这是一个小型金融机构，已经贷出了 73 亿美元，其贷款的偿还率高达 98.08%。尤努斯自己的家庭储蓄引起了这样的增长进步。

046

可投资资本的缺乏是发展中国家面对的一个极其严峻的挑战。 有一些发展中国家的领导人通过不明智的政策决定和腐败迫使他们的人民处于相对短暂而痛苦的生活状态中（例如，已知的广泛传播的疾病和并不昂贵的治疗或预防方案以及婴儿高死亡率）。 除非政府支持激励结构和鼓励投资的机构，不然的话人们很难想象那里怎么会有生活水平的持续提高。

令人惊讶的，贫困的人可以拥有数额庞大的财产。 事实上，很多贫困国家的财富会使得他们从外国机构获得的帮助的机会变少。 就世界范围来说，从1945年开始，穷人拥有的财产比收到的外国援助要多出40倍。 在埃及，穷人的财产大约是包括为苏伊士运河和阿斯旺水坝筹集的资金在内的全国总对外汇投资的55倍还多。 在海地，这个西半球最穷的国家，贫困的市民拥有的财富比自1804年海地从法国独立出来后所收到的所有外汇投资总额要多150倍。 长远来看：仅在2005年，海地就收到了51 500万美元的经济援助，这几乎是它总的国内生产总值的10%。

那么问题究竟是什么呢？ 如果这些人拥有财富，那么他们为什么那么穷呢？ 事实上，这些财富中的大部分都是以不正规且不正当形式被持有的。 房屋可能被建造在一些所有权没有被充分登记的地皮上。并未被承认为自治组织的企业可能有一些定义不明确的债务。 储蓄可能以类似于珠宝的形式被佩戴，也很难保证它的安全。 这样的结果是一个不能有力支持经济增长的缺乏现金流的经济体，而处于萌芽阶段的资本主义也不能把握如何在这场游戏中壮大起来。

尽管许多发展中国家几乎没有什么有利的条令条例，他们却也不是自由市场的天堂。 当政府有足够强的执行力的时候才能保证产权被广泛承认，资本主义能做到最好。 就像美国联邦存款保险公司首脑、转为解决储贷问题而创立的资产清理信托公司的第一位主席威廉·赛德曼所说，规章制度帮助我们确保资本主义像职业拳击赛一样有条不紊地进行，而不是像酒吧里的一场喧闹争斗一样。

产权法的发展是十分重要的。 它给人们拥有的东西冠上拥有者的名号。 它是确保经济发展的有力工具。 如果所有权没有被详尽地记录下来，那么该物品就不能被卖出、接触甚至是转换成资产。 他们只能在一个由相互认识并信任的人们组成的小圈子里进行交易。 这样的产权不正式会导致交易和资产筹措的不正式，黑市、黑帮的扩张以及对法律公然的无视也会随之诞生。 如果没有任何记录来支持任何一种说法，贫穷就会徘徊蔓延。 缺乏结构性也会使贫困加剧。 契约、头衔、收据以及赌注都使得财富能够被量化和转移。

没有登记过的财产，交易就会变得十分草率。 这也是为什么作为世界银行的一个分支的国际金融公司记录了全世界各个角落的财产有多容易被记录和互相转移。 在美国，平均共需要12天经历4个步骤，花费被登记项目账户金额的0.5%的钱来完成财产注册过程。 转移房屋所有权、给新车上执照或者是将一项股票交易清零并不需要很长时间。 它比其他国家要容易得多。 巴西人需要经历42天的14个过程、花费财产价值的2.7%才能完成这个过程。 而中国人面对的是需要29天完成的4个过程、花费财产价值的3.2%。 在埃及，财产转移平均耗时72天，涉及到7个过程，总花费差不多是总价值的0.9%。

财产法包容了最好的和最坏的人性。 正如詹姆斯·麦迪逊在联邦党人文集第51卷中所写，如果人们都是天使，那么就不需要有政府的存在了。 换句话说，财产法真正实施了罗纳德·里根的格言"信任，但要核实验证"。 相比之下，很多传统经济是建立于信任之上的：人们仅仅与他们认识的人打交道，家庭会强有力地履行合同来确保他们的声誉维持在高水平。 而在发达国家的所有自由市场的认知之中，信任程度十分低。 市场需要大量信息来确认可信度，而如果一个个体要想运作的话必须完全按合同实施。

让更多的资本流动性更高

现代资本主义是一种西式发展，建立于个人的产权所有、世俗的监督以及计算风险的初步方法之上。 持续了几个世纪的假设是，这个世界想要按照西式模型运转。 但是那不是对于所有的投资者或需要资本的人来说都是可以接受的，并不是所有人都渴望生活在亚当·斯密眼里的世界。

即使是那些不认可资本主义演变方式的人们也仍然需要资本。 好在这个世界的金融家的创造力是无法估量的。 给他们所需的现金、风险度量以及一系列约束条件，他们将会发明出新政权来满足这个需求。无论它是一个乡村银行形式的进行小规模金融活动的小型机构，还是伊斯兰债券（一种根据穆斯林法来进行筹资的资产担保）在迪拜大规模建立摩天大楼，市场都会为了保持资产流动而产生。

资产必须被流动。 关于国际投资的事实是：不是所有的国家都有一致的安全性，他们也不提供同样的机遇范围。 这导致了不平衡。 一个国家的人可能因为低投资回报而受折磨，因为他们生活的地方的机遇是如此得少，而其他国家的人可能因为没有足够的钱来投资，而不得不面对经济凋零。 金融市场帮助那些有多余的钱的人把这些钱借给那些需要它的人们。

资本市场比银行（另一个资本分布的主要渠道）允许更大的资产分配灵活性。 国界之间的资本流动可以让每个人都变得更好。 它帮助人们将风险和回报偏好更好地进行匹配，但是这是个相对新的现象。 投资者向来都表现出对于他们自己的市场的偏好。 这是完全可以理解的。 毕竟，职业投资者经常建议人们对他们最熟悉的东西进行投资，并且相对于一个总部设立于上海的公司，一个普通美国人很有可能对一个总部设立于芝加哥的公司更了解。

对本国的偏见正逐渐开始改变。 有了更好的交流，投资者对于这个世界上其他国家的了解正在逐步增长。 （即使是在国际市场上购买了股票的专业投资者都曾经不得不等待几天直到外国报纸送到，现在，他们只需在网上等待实时消息。）随着资本市场的解放，要在其他国家买入和卖出都会更容易，投资者们也发现他们通常会获得更好的回报。

改变发生于美国和日本这两个世界上最大的经济体中。 很长一段时间内，这两个国家中的投资者都倾向于保持独立。 现在，日本人已经将美国和欧洲债券作为替代的投资选择，期待它们能提供比国内债券和存款更高的回报。 随着美国投资者对于国际共有基金和交易基金变得更适应，他们出口了更大份额的储蓄，并在全世界使得他们的储蓄多样化。

新企业，在没有信用也没有利润的情况下，常常需要找到资本投资资源来给市场带来新想法。 美国投资者了解这种风险；对于未证实的想法进行投资的意愿正是使得硅谷和其他科技改革成功的原因。 全世界的处于发展初期的公司都来到美国筹措资金。 举例来说，在 2008 年上半年定价于美国的 36 个公开销售证券中，有 4 个公司的总部在中国，有 4 个在欧洲。

过去，亚洲的发展中国家有着未发展完全的资本市场，而现在情况也是这样。 地区资本市场不能吸收大量储蓄并出口收入这个事实驱动了对于科南特的资本出口政策的采用。 至少，这加剧了国际间的不平衡；在最坏的情况下，这是导致不平衡的最大原因。 最深的、更有流动性、更透明的市场是在美国，以美元的形式存在。 他们接受大量的世界过度储蓄。

现在，正如科南特所处的时期一样，中国市场上企业和金融家的想象力的火焰熊熊燃烧着。 一直到 1820 年，中国是世界上最大的经济体并且跻身于科技领先成员之中。 它占据了全世界经济的约三分之一。在该世纪末，美国并没有对菲律宾抱什么企图，仅仅是想在西班牙和美国的战争中保全自己，但是作为美国海军和贸易舰队所需的装煤港中的一环，如果它想要以一种有意义的方式参与到与中国相关的经济机会中就必须将菲律宾变为其殖民地。

中国的资本主义实验发生于未发展完全的金融机构之中。 当中国公司需要筹措资金的时候，他们经常到其他国家的资本市场寻求帮助。当中国资本家想要保护他们的利益的时候，他们就将自己的资金转移到那些尊重个人产权和稳定金融的传统的国家中。

世界各地的人们和企业们都聚集到美国来增加投资和风险资本，但是业务却是按照最初起源并发展于欧洲和美国的条款进行的。 它是建立于金融资本和工业资本或者债务和权益的区别之上的。 债务并不提供所有权和义务，但是权益却会这样。 信贷危机看起来似乎对这个鲜明区别的可确定性产生了质疑，但是十分清楚的是它对于一个在人口和财富方面都在发展的群体来说并不起作用，而这个群体就是：穆斯林。

尽管亚洲的储蓄中超过他们吸收能力的部分向来都被广泛地评论着

（就像中国，2007 年的经常账户的盈余就有 3607 亿），中东的储蓄盈余相对较高，这也要归功于如洪流一般滚滚而来的石油美元。 2007年，沙特阿拉伯的经常账户盈余是 1008 亿，科威特的经常账户盈余为527 亿，而阿拉伯联合酋长国的盈余是 413 亿。 这些小国家有着巨大数额的资金——远远超过了国内可以吸收的——需要投资到外国。 尽管科南特推荐直接投资而不是简单的组合投资，跨境投资基本上还是用债券和存款进行的。

然而，石油出口和石油美元回收带来的挑战是由那些有很多穆斯林的国家主导的。 在很多情况下，他们的政府都是明确的伊斯兰信徒。穆斯林法，也以沙里亚法而被人们熟知，对于与欧洲和北美实行方式不同的投资和商业活动都有着明确的要求。 这也阻碍了中东的国内资本市场发展。 最著名的法律是利息禁令，通常被人们理解成意味着要支付或收获利息。 这个法律的建立是为了保持商业伙伴获得类似从冒险的成功中可以得到的利息——双方都从游戏中有收获。 他打算让商业伙伴之间在成功冒险方面的兴趣保持一致，——双方在竞争中都有欺骗。 不管原因是什么，宗教对于很多人来说都是很重要的，所以他们寻求一种能在他们的日常生活中包容这种宗教信仰的环境。 在中世纪教皇的统治下，放高利贷是犯法的，并可能会将当事人逐出教会，而基督教徒被迫用类似的方法发展商业活动。

关于利息的禁令对于传统资本市场的其他方面都有影响。 正如它被大家理解得那样，穆斯林法禁止的不仅仅是借入和借出，还有其他形式的保险、利率调换，以及传统衍生物例如期货和期权、信贷违约互换以及外汇交易。 在此之外，虔诚的穆斯林不会赌博也不会对涉及收取利息或者是其他被禁止的活动中的生意进行投资，这些生意包括银行、赌场、猪肉加工厂、烟草公司和酒水饮料生产商家。 穆斯林法限制了可接受的金融和投资载体的数量。

然而，沙里亚法律并不意味着穆斯林国家被锁定在一个发展萌芽阶段。 从历史角度来说，中东地区的人们一直都是交易家，中世纪时，他们在欧洲、亚洲和非洲商人之间起到了十分重要的作用。 最近一段时间，这些禁令并没有组织创业活动或者是合同和产权的发展。 贸易持续进行着，但是规则变了。 筹资可以通过收益共享、租赁或者是提供给其他商业人士他们所需要的资本的协议，并给金融家提供机会成本的补偿，而没有构建对利息的补偿。

资本市场长期以来已经适应了变动的需求。 令人眼花缭乱的被穆斯林法禁止的一大批衍生品在四十年前实际上是不被人所熟知的。 只要在市场上有需求同时也有对风险定价的方式，就会有一种新的证券发展出来。 西式金融模型并没有理由要适用于所有人。 如果一些发展完全的顺应沙里亚法律的结构激发了一代新的投资商品的出现，这并不是什么令人惊讶的事。

伊斯兰金融产品可能会越来越多地被看成是一种在已经很宽泛的一系列金融工具中的特殊形式的投资载体。 非穆斯林投资者可能会越来越多地学会去发现这些合同的价值或者是错过这个快速发展的资产阶级中的利润机会。 非穆斯林借款人可能会发现他们需要用不同的方式构建合同来吸引有钱的穆斯林来投资。 实际上，将这些看成新式证券而不是伊斯兰证券可能会更好，因为所有人都可以使用它们。 在某些方面，这与商品交易的增长相对应。 商品交易得到发展来为农民创造市场，但是很快就对那些不知道如何发动拖拉机或者不知道大豆长什么样子的人带来了对冲和投机的机会。

货币和发展的现实

经济体需要货币才能发展，但是这样的货币需要以正确的形式出现——并且它并不一定要来自于这个经济体内部。 当货币是以一个由流动性的、可交易的形式存在，它就可以很快被投放到现实经济运转中。 它可以跨国界流动来给最需要它们的地方提供资金。 需要一个存钱的安全地方的中国人可以购买美国的政府债券，寻求比在国内能获得的收益更大的利润的美国投资者可买入中国公司的首次公开销售证券。

发达国家的企业不需要很多外来的资本投资，这是因为他们的留存收益十分充足。 科技进步意味着被购买来代替陈旧机器的设备带来了效率优势和成本节约，这使得公司的生产力在并没有增加被分配给净新资本投资的美元的前提下提高了。

美国已经成为了全世界的剩余资本管理者，同时也是最大的商品生产商。 由于很多国家仅仅靠着一些摇摇欲坠的金融服务来发展，那些有可流动储蓄的国家就想要将钱转移到其他地方。 大家可能都知道中国善于生产低价消费商品，但是人们并不知道它不是储蓄的避难所。这项荣誉由美国拥有，而且正因为它的市场深度、宽度和流动性都在危机中进一步得到认可，它的角色很有可能不仅仅是被保留，而是被信贷危机加强了。

第四章
第四个误区：劳动市场流动性是美国经济实力的关键

美国劳动力市场的灵活性，往往预示着其对其他国家地区的关键竞争力。这是夸张的说法，关键是资本市场的灵活性。

民主和资本主义思潮适用于那些积极为自己命运作决定的人。 美国一直是吸收各地多元思想的巨大的民主试验田，这里不断接收来自世界各地的工人，并把他们训练成为世界上最富有、最具生产力的劳动力。 有人很想知道如何去复制美国的传奇，而一些人认为灵药就在于劳动力市场的灵活性。

尽管美国的劳动力很灵活，但灵活性并不是单一商品，它可以伤害到雇员和雇主之间的关系。 劳动力及其社会流向并不是单向的，其负面影响在于导致家庭和社区的不稳定。 工作常常不如劳动力那么灵活，因此很多人受家庭责任所迫不得不离开全职工作岗位，而且某些工作可以为在职者提供医疗保险，这往往就导致人们呆在他们不喜欢的岗位上，而不愿意从事某些更具创造力的职业以及推迟创办新的企业。

跨国公司无需依靠任何一地的工人。 相反，他们可以把货物移向不同的工人，以便充分利用不同水平的工人，并给他们不同的薪水，事实上，他们也是这么做的。 2005年，内部贸易量是巨大的，美国母公司和其境外子公司内部交易货品服务价值 9.611 亿美元，并以此贡献于 7167 亿美元的贸易赤字中。 内部交易的重要性，质疑了对贸易和汇率的常规理解。 真正的驱动力是资本的灵活性而非劳动力的灵活性。

劳动力流动性

传统社会中，工作是具体到一个地点的。 受到交通和技术的限制，所有的工作都是体力劳动，在很多发展中国家仍然是这样，而且如果人们不能在他居住的地方找到足够的工作，那么他们就需要搬家。

在现代社会，有大量工作也是具体到一个地点的，但也并不都是这样。 农民需要居住在土地气候适合作物生长的地方。 工厂却可以布局在几乎任何地方。 一个女服务员需要呆在她工作的餐厅里。 曾经，商品交易员必须呆在交易室里，现在他可以在任何有高速网络连接的地方办公。

在实践中，劳动市场的灵活性意味着雇主很容易管理自己的劳动力，雇用和解雇都很简单便宜。 工人也可以离开一家企业追寻更好的薪酬、更好的工作条件或收益。 在没有种性制度或是阶级制度的情况下，美国工人可以通过企业高效透明的层次结构受益。 像罗纳德·里根、比尔·克林顿和巴拉克·奥巴马这些政坛上的草根创造神话的例子虽然并不常见，但这的确印证了通过努力在美国从底层做起直至成为时代主角是可行的。 美国就业市场的特点是，高度娴熟的劳动力，缺乏工会组织和工作假期，完善的退休福利体系，以及由国家提供的一篮子商品补助，如医疗和失业保障等。

美国也一直是世界上最重要的劳动力进口商之一。 在大多数历史时期，美国或多或少是欢迎移民的；直到第一次世界大战，美国吸收了世界上大量的剩余人口。 这期间许多新移民为美国提供了大量廉价压迫性的劳动力，这也就促使了工业革命的产生。 （当然，这些劳动者并不在长期内忍受低廉的薪酬或是保持温顺）人们有时付出巨大代价来到这里工作，与他们对工作的渴求一样，他们不得不放弃家庭以及家乡文化。 他们往往会尽力在这里创造新的生活，这也使得美国成为一个多样化、有趣的地方，吸引了更多的移民。

尽管大部分美国人都是移民的后裔，但这个国家并不总是欢迎他们。 而且，如果他们在这里可以找到好的工作并过上富裕的生活，他们就并不想要搬到其他国家。 当远程工作越来越普及，工人们就停滞不前，这似乎对美国的贸易平衡产生了不利影响。 如果一个电脑程序员从印度搬到了美国，那么他的工作就是美国 GDP 的一部分。 如果他呆在印度，把代码发给 San Jose 的开发商，那么他的工作就是印度 GDP 的一部分。 出口到美国的服务增长了美国的进口，使得经常账目赤字更大了。

技术进步需要用机器代替人力，这种技术的变革实质上节省了劳动力并引起了劳动力结构的不稳定化。 新流程需要不断学习，否则这个负责操作流程的工人就会被淘汰。 个人可以在发展个人技能方面进行人力投资，但最终往往会发现技术进步意味着一次性的重要技能不再被需要了。 无处不在的 PDA 和个人电脑已经取代了秘书和语音信箱接待员。

公司内部交易

ThyssenKrupp，一家德国的钢材全球生产商，正在西半球扩张。该公司把这一行动作为自北美自由贸易协定后的贸易战略。 ThyssenKrupp 正在巴西建设板坯轧机，预计使用该国开采的铁矿石在 2009 年初生产 500 万吨钢材。 有一些板材会留在巴西，因为那里增长的经济需要基本的钢产品，其余的则会被送往 ThyssenKrupp 在其他国家的分支机构。 分支之一就是正在阿拉巴马州卡尔维特兴建的工厂，按计划它会在 2010 年正式营业，并负责把这些板材转化成用于汽车和家电的高品质平面钢。 它还会将部分其他板材转化成热轧卷板后，送至墨西哥圣路易斯波托西的工厂去制造不锈钢。

这样的战略会使得 ThyssenKrupp 公司在自然资源、人力资源以及全美的巨大市场需求等方面具备竞争优势，而美国的自由贸易协定也使得这种流动具有经济意义。 当贸易结算结束后，这种战略会增加巴西的

057

出口、美国的进出口，以及墨西哥的进口。 然而，所有的钢材仍然都存在于一家公司的范围内。 这就是现代跨国公司如何进行商业运转的。

公司内部交易在跨国公司中扮演着重要角色。 它创造了成本节约的机会，改进了产品分配，保证了投入的获取，更好地整合了生产。现代经济中，公司内部交易可能比人力迁移更加便宜、快捷，因为移动货物以充分利用不同技术和薪酬水平的工人要更加方便。 把不同地方生产的零件运送到一起去装配，要比转移装配工人更容易，因为一旦转移工人将会涉及语言培训、搬迁费、税收差异等恼人的问题。

全球化意味着超越外包的更大贸易。 贸易会变成内部资源调配。商品和服务在一个公司不同国界间的流动很重要，但往往被忽略了其现代政治经济的特征。 世界范围内物流管理供应链、生产和分销是极其复杂的。 现代跨国企业把贸易内部化了。 据联合国估计，关联方交易可能占全球贸易的三分之一，这在美国可能更多，因为有相当多的全球企业把总部设在美国。

大多数常规披露的商贸数据中并不能包含一些内部交易的信息。最近的数据显示，2005 年附属产品出口占全美出口总额的 28.8%，占全美商品出口的三分之一。 同年，来自其他附属商的进口占据了全美进口总额的三分之一，占全美商品进口的 36.5%。 2005 年美国披露的经常账目赤字有 6 663 亿美元，而其中内部贸易额就占据了 3 029 亿美元。

近年来内部贸易量增长趋势明显，一定程度上归功于更加自由的贸易协定，比如北美自由贸易协定使得公司可以更加容易地在多国布置自己的生产线，针对 1997—1998 年亚洲金融危机而做的一些政策调整也起到一定作用。 在那时，区域内新型的工业化国家被迫去出售资产以使其货币贬值，这使得包括美国在内的外国公司在当地拥有自己的生产和分销工厂。

内部贸易的数据，包含了美国公司与其海外分支机构的交易，以及海外公司与其美国分支机构的交易。 通常，从美国跨国公司内部出口到海外机构的东西大部分用于再加工。 另一方面，外国跨国集团对美国的内部进口则主要是用于市场营销和分销。

有时，总部位于美国的跨国公司所进行的内部贸易实际上拥有很小的贸易盈余。 尽管那年美国披露的整体贸易赤字是 702 亿美元，这种贸易盈余在 1993 年仍保持在 365 亿美元。 由美国跨国公司内部交易造成的这部分盈余，是 167 亿美元的商品贸易盈余加上 198 亿美元服务贸易盈余。 十年后的 2002 年，这种盈余就跌至 93 亿美元了，这反映了商品贸易 253 亿美元的赤字和服务贸易 346 亿美元的赤字。 货物贸易赤字的摆动，似乎反映了北美自由贸易协定下，北美经济的垂直整合。

相反，美国子公司与其境外母公司之间的内部交易会引起严重的贸易赤字。 1993 年，这种内部贸易带来的赤字有 1 049 亿美元，几乎比美国当年所有贸易赤字多一半。 直到 1998 年，亚洲金融危机过后，美国整体的贸易赤字才大于美国子公司与其境外母公司之间的内部交易带来的赤字。 到 2005 年，美国子公司与其境外母公司之间的内部交易产生了 3 029 亿美元的赤字，只比当年美国整体贸易赤字 6 663 亿美元的一半少一点。

有一些力量推动这个趋势朝反方向发展。 一些重组的美国公司会将部分非重点项目分支外包给其他海外公司。 这虽然不能给公司创造更大的内部交易量，但直接导致了美国贸易赤字的增加。 比如，总部在美国的公司曾经拥有一家东亚的制鞋工厂，但现在卖给了其他人。那么它从新的拥有者手下生产的鞋也就是原公司的外包供应。 这就使得公司降低了固定成本，为其存货管理提供更多灵活性。 现在公司内部贸易一旦发生，就变成了法定的不相关联的交易。 然而在宏观面上有一点是肯定的，即公司内部贸易为美国贸易赤字的增长做出了贡献。

资本和汇率

有很多理由去怀疑关联方之间的贸易可能在大的经济环境变化下有不同的反应，这种变化来自与贸易不相干的方面，包括汇率。 比如，日元突然贬值可能不会影响日本汽车配件生产商向美国出口零件，至少在中短期不会有影响。 从这方面来看，内部交易的重要性在于降低美国贸易赤字对货币波动的敏感性，这比政策制定者和商人们所期待的或是经济学家所预测的都要有效。

一个公司的内部交易可能与其外部交易以不同的方式反应于外部经济力量或汇率变动上。 尽管美元不断贬值，但考虑到其他因素，包括替代品的可获得性、公司组织结构、固定产能利用率，对于公司而言，从海外分支机构进口部件会更有效。 诸如产品共同开发之类长期合作协议的签订也使得企业在短期内很难改变与相关供应商的合作关系。

内部贸易不需要进行在不相干部门交易中所需的外部融资。 通常，他们的银行需要确保双方足额按时支付，在不同国界和不同交易货币时，情形更加复杂。 但如果交易发生在公司内，不需要外部融资，会计人员只需在账目上记账，就可以完成交易，没有实际的资金需要去被转移，甚至没有市场活动发生。 当传统的账目记录工作完成了，这笔销售会被记作贸易，但实际上没有销售发生。 从另一方面来说，资本和金融账户的支付平衡并没有为我们的贸易赤字融资，却显示了投资目的下的资本交易盈余。

反过来，内部交易的重要性可以帮助我们解释为什么美国贸易赤字的变动不能很好地预测美元的变动。 如图 4.1 所示，美国贸易情况与美元变动似乎没有统计上的相关性。

储蓄与投资

经济学承认的，或不言而喻的，一个国家的储蓄和投资之间的差额等于经常账户赤字。 这里展示的论断是，像美国经常账户赤字这样的传统度量是被高估的。 以此为依据则可推断，储蓄反过来被低估了。这似乎确有其事。

考虑在国家范围内度量退休储蓄的问题。 美国拥有世界上界定得最明晰的供款分配养老系统。 雇员的分配被记作收入，这无可非议，但是给离退休人员的工资却是消费，而且这种支出虽未被登记，但却由于资本增值而被夸大了。 工人们账户里的货币总量，在钱从支付支票中取出的这天和退休基金被提现的那天之间增长了，但是工人们的实际财富却没有增长，因而也不能成为改变储蓄率计算结果的实际因素。

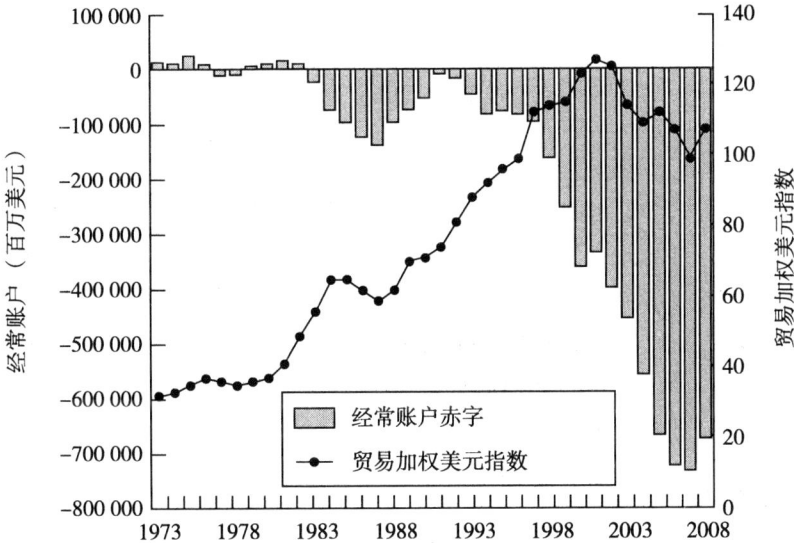

图 4.1　经常账户 vs 贸易加权美元指数

来源：美国经济分析局："美国国际贸易：2008 年第一季度"，华盛顿：美国商业部，2008 年 6 月 17 日。美联储圣路易斯贸易加权交易指数

此外，通过提高居住性房地产价格和股价而创造的财富并未包括在储蓄率的计算中，这就可能低估了 2002－2007 年间扩张所带来的财富效应以及资产价格的增长。 多数年份，房地产价格以通胀率的增速提高，美国市场上像标普 500 这样的指数倾向于以高于通胀率的比例增长。 这代表了美国家庭持有资产的稳步增值，却不能反映储蓄率的变动。 因为美国的股权和房产所有权比任何国家都普遍，这也意味着对家庭储蓄率的更大扰乱。

储蓄忽略了另外一种美国的投资。 家庭省下了钱做什么呢？ 在美国，一个很大的目标就是大学教育。 美国大学具有严谨的学术氛围且具有系统性，并且通过社区学院以及夜校项目可以使得所有公民都享有进入大学的权利。 大专以上的学历会有很高的薪水：一个拥有本科学历的白人工人，一生可以挣 1 902 033 美元，而同样只有高中学历的人只能挣 1 070 692 美元。 拥有更好的学历的工人可以多挣 2 663 080 美元。 这个差距要远远超出对于上学期间高学费低收入的补偿。 拥有高

061

学历的人可以去做薪酬更高的工作，在变化的经济中也更有灵活性。这是人们对未来的一种投资。

然而大学花费并没有在 GDP 统计中被记为投资。相反，他们被当成了消费。当一个大学生砸下数百美元去买教材时，他并不是在为未来投资。相反，从一个经济学家的角度，他是在购物，和花钱买衣服、高尔夫球具或是平板电视是一样的。美国储蓄投资的这一关键部分没有被纳入官方的计算中，尽管它对于家庭来说不是最大的也是最重要的一笔投资。它确实出现在高的人均收入和 GDP 中，并将继续增长，哪怕我们名义上的储蓄率很低。

与把储蓄当做收入减消费的余额的计算方式相比，考虑家庭净收入与可支配收入的比率似乎更准确一点。除了家庭储蓄外，国家储蓄的计算包括了公司储蓄和政府财政状况。美国的公司储蓄几十年来保持着最高的比率，但是传统的方法可能低估了这个账目，因为官方定义的储蓄投资并未包括研发投入。尽管对新思想新技术的投资是创新和财富创造的关键之一，政府仍视其为消费。它当然应该如其他投资一样，作为一项投资，被计入国家储蓄中。

储蓄的定义曾经改变过，可能它应该再次改变以反映美国工人收入中用于投资的那个部分。尽管企业和政府的软件开销使得工人们可以在短时间做更多的工作，但这部分支出直到 1999 年才被计入美国储蓄定义中。美国是最发达的现代资本主义国家，拥有广泛的、相对快速传播的新技术，并且在高等教育上会比其他工业化国家花更多的钱，因而这种对储蓄过时的定义对美国的惩罚最大。

除了将其劳动成果投资于退休计划、股权共同基金和新房子以外，资本市场有很多方式去投资工人的劳动力，而完全不必要按照马克思认可或欣赏的方式进行。英国歌手 David Bowie 曾通过 1997 年发行的债券，卖掉了他 1990 年前作品的收入的获得权；相似的债券现在都被称作 Bowie 债券，尽管新发行的债权是关联到其他艺术家的作品。网友运动员 Ana Ivanovic 在十四岁的时候，获得了瑞士商人 Dan Holzmann 的支持，在二人的协定中，Holzmann 先行支付她的教练费，未来一旦 Ivanovic 获奖了，就从其奖金中取出部分回扣支付前者，而 Ivanovic 的确在 2008 年赢得了法国网球公开赛并分予 Holzmann 部分回扣。 两个英国的对冲基金，英雄投资和运动资产，也与一些具有发展潜力的足球运动员协定了类似的计划。

贸易与帮助

美国总统杜鲁门在 1949 年的就职演说中宣布了一个帮助世界战后恢复的计划。 "我们必须大胆实行一个新的计划，为了实现欠发达地区的改善和增长，"他说道，"世界上超过一半的人口生活在水深火热之中……人类在历史上第一次掌握了可以解放这些受苦人群的知识和技能。"

而那正是杜鲁门和他的许多继任者努力在做的事情。 第二次世界大战后，美国和其他的一些国家致力于将欠发达国家带入现代化进程中来。 人们不用移民到美国、加拿大或是澳大利亚来挣钱，他们可以直接待在原处，享受变化的社会给他们带来的好处。 美国政府鼓励美国公司去海外投资，进行贸易，以便修复因战争而受创的经济。 美元的相对强势提供了强有力的经济驱动力。 与此同时，美国的工人也可以自由选择在高附加值的部门工作，尤其是通信和技术行业。

有些国家呈现出惊人的进步，比如可圈可点的印度和中国，但是世界上还有一些国家即便在国外援助、升学率提升以及爱心人士援助的情况下依旧处于持久的欠发达状态。

很多人处境贫困，因为他们的政府官员对于公共设施的建设缺乏关注度。 在这样的地方，游说政府可以获得最高的回报。 不是你知道什么，而是你认识谁更重要，不论他是劝说政府采取行动筹集资金的某街道的游说家，还是一个可以用一箱现金帮你赢得协定的疏通者。 寻租活动重新分配了资源，比如金钱；但是他们并没有帮助创造财富或是提高生活水平。 寻租在发达和发展中国家，以及任何破坏法律和创业的地方都有，于此同时，催生了腐败和玩世不恭。

在一些发展中国家，是寻租者而不是循利者把握着外汇市场。 可能政府拥有一个固定汇率，这在正统的资本主义历史上是最重要的。

政府禁止外币交易，其货币被低估，这些政策也滋生了国内的通货膨胀并呈迅速蔓延的趋势，而通货膨胀又对外汇贸易提供了获利机会。 在这种情况下，熟悉政府内部系统的人会游说政府获得外币以便在黑市上交易赚取暴利。 这些人会是总理的亲戚朋友吗？ 不管他们是谁，他们的行为不会对 GDP 作出贡献，只是重新分配了收入。

教育也可以是一国腐败的中心，尤其当以成百万美元计的境外援助流入国家。 教育管理层人员可能去聘请那些与权贵有关的人，而不是有真才实学的人。 进而，教师可能获得很低的薪水，投入在教材、纸笔上的开销也会削减，至少是要在考虑到所有与政府有关联的供应商的诱惑之后。

在巴基斯坦，政治家分散教学岗位以示保护；有四分之三的老师无法通过他们自己设计的考试。 学校里面教授的是乌尔都语，但是这个多语言社会的工作用语却是英语。 在其他国家，虽然对某些技能的需求并不是很大，但教育却一味地创造对这些技能的供给，最终的结果就是教育生产的具备这些特定技能的人员并不能在合适自己的岗位上工作，而这些受教育群体只能向一些其他行业转移，因此便出现了具备高学历的出租车司机和具有艺术硕士学位的行政助理人员等。

发展、劳动力及资产和劳动力的灵活性

如果开设公司很容易，那么人们就很容易在劳动力和所有者中间进行转化。 在美国，这个过程涉及了 6 个步骤，耗时 6 天。 在埃及，这需要 6 个步骤，耗时 7 天。 但是在印度，这需要 13 个步骤，耗时 13 天。 在中国，需要 14 个步骤，耗时 40 天。 在巴西，潜在的企业家有 18 项任务，需要在 182 天内完成。

劳动力灵活性的另外一种度量方式，是看解雇员工需要多长时间。不管是因为雇员工作偷懒懈怠还是因为经济走向衰退，有很多理由可以解雇工人，但这并不总是一件容易的事情，也不只是人为因素所导致。在一些国家，法律和习俗使得开除员工非常困难和昂贵。 在美国，雇用和解雇员工对于公司来说都很容易，不需要什么成本。 在埃及，公

司需要给被解雇的员工 132 周工资作为补贴。 在印度，是 56 周工资。在中国，是 91 周工资。 巴西人就没这么幸运了，他们只会得到 37 周的工资作为补贴。

这似乎有悖常理，但另一个衡量一个国家的商业环境实力的工具是企业需要多长时间歇业。 如果一家公司经营不善，关门可以使所有者保存一些资产，从而投资他处。 但是公司关门并不是在任何地方都很容易的。 如果企业家认为一次经营失败会使他们失去大部分的资产，那么他们一开始就不愿意开张。

在美国，关闭一家公司从头到尾需要 1.5 年，花费企业 7% 的资产，无抵押债权人在破产的情况下平均收回 76.7% 的资产。 在巴西，这需要 4 年，花费 12% 的资产。 一旦商业失败，债权人通常可以收回资产的 17.1%。 在中国，这需要 1.7 年，花费 22% 的资产，债权人可以收回资产的 35.3%。 在埃及，需要 4.2 年，花费 22% 的资产，债权人可以收回 16.8% 的资产。

许多企业经营的开支是不基于地理、人口统计、贸易条件，或剥削状况的。 大多数国家在极低或零成本的条件下就可以简单容易地开办企业、注册资产、雇用解雇员工（美国需要在这里设立标准，但是三年补助似乎过度了），并能够拥有合理的破产法。

劳动力和贸易的现实

伴随着技术发展，农场需要越来越少的人去经营。 玉米仍生长在伊利诺伊州，它却经历全新的种植过程，如被杂交、化学强化、机械种植和收获。 农民不需要住在土地上，因为农民可能是一个主要的农业综合企业集团，聘请通勤工作的种植者。 同样的过程在制造业也重复着，似乎也发生在一些服务部门的一些职能上。

技术改变了工作和地点的关系。 那些原来可以在居住地找到工作的人，现在需要搬迁，而那些曾经不得不为了某些职位搬家的人，现在可以留下来。

美国大部分的历史上，其边境及内部都是开放的。 由于地域辽

065

阔，倦怠的城市居民可以迁移到一个安静的农村小村庄，而无聊的小城镇的孩子可以去看曼哈顿的明亮的灯光。 从北极圈到热带不需要内部的护照或权限旅行，但不是在任何地方都这样，比如在中国，居民需要政府的批准才可以改户籍。 这种流动性固然有助于美国的经济增长，但它不是什么秘密。

如果你移不动人，你可以移动工作，这反而会更方便容易，因为有快捷廉价的交通、完善的信息和沟通技术（可以转移数据）和很低的贸易壁垒。 一个公司可以远程拥有和控制复杂的供应链生产过程。 设计和市场营销可以在美国完成，但是会计可以在印度完成，客户服务可以来自加拿大。 一个成品，售前售后服务以及销售，是由成百上千个不同的工序最终拼接到一起的。

因为在同一个公司的范围内有如此多的贸易发生，贸易赤字的规模和支持贸易所需的资本量可能都被高估了，而且，美国工人对国家经济增长的贡献最终是被低估的。 他们在教育上的投资是被忽略的，尽管那可以很大程度上解释美国的劳动力水平。

事实总在讲述美国的经济实力，很多持有大学终身教授职位的经济学家强调美国劳动力市场的灵活性。 然而大部分美国人所能体验到的劳动力灵活性表现在：可以随意的雇用和被雇用，不与通胀完全挂钩的工资制度，也表现在可以用固定投入基金来交换固定收入养老基金的养老保险制度，而对前者来说，个人理财知识是至关重要的。

美国工人非常具有生产力，而且正是他们的生产力而不是劳动力灵活性解释了这个国家经济的成功。 还有，这种生产力似乎被资本市场的灵活性加强了。

银行借贷通常是个双边决定，款项需要双方协商。 资本市场给任何人提供资金：破产企业，开发者，创业者，甚至是想要将未来特权变现支付的音乐家。 资本市场外沿的扩展，以及看似银行托媒的现象，当然受到了信贷危机的挑战，但是解决方案可能是更多的透明度，更多的中介化，更强的不同规定。 信贷危机不会敲响金融创新的丧钟，但它可能形成未来创新的方向。 信贷危机也揭示了新的衡量标准和监测风险的需要。

　　发展中国家的工人拥有与美国工人一样的潜力,但是他们需要一个可以融入世界经济的机构设施。　产权需要被创造和加强,业务流程需要简化,其他国家投资者的资本要受到欢迎,这样才能获得经济增长所需的金钱和思想。　国际公司愿意帮助寻找新市场和可以操纵各种不同生产的工人。

第五章
第五个误区：存在一种资本主义

这不是我们与他们的对立；这更像是美国联盟对战国际联盟。我们可能身处同一个阵营，但是并不是在同一个队伍里并肩抗争。

20 世纪 70 年代晚期开始的中国经济的改革开放与十年后苏联集团的土崩瓦解证明了资本主义的发展是没有真正所谓其他办法的。 尽管资本主义的各种实施办法也确实可以有很大差异。 政府的规模和角色都十分不同。 资本主义国家有不同的监管制度，这在信贷危机中已经被阐释得很清楚了。 那一篮子的商品和服务——例如医疗保障政策、家庭扶持、教育、公共交通以及公民自由——也都是有差别的。 同样的，公民的职责也会有不同：在有些国家中，投票是被强制的。 服兵役也一样，在某些国家中是必须的。

世界各地的诸多资本主义者都是在同一个游戏中竞逐的，但是他们使用的却是不同的游戏规则。 有些国家为他们经济的不同部分提供帮助，这让即使是最公平的自由贸易协定都仍然有一点点不够完美。 无论他们是不是包括了政府对于利率、货币制度、全国医疗保险或者是玩具中铅含量的限制，这些规则都会影响竞争力和国际贸易。

多年来被投资银行高盛授予了现在无处不在的 "BRIC"（巴西、

俄罗斯、印度和中国）标签的四个国家中的三个都被当作社会主义国家对待。 俄罗斯、印度和中国许多年来一直实施着他们称之为"社会主义"的制度，尽管他们实施的形式不同。 巴西则是资本主义，这四个国家中的一个例外。

这是有理可循的。 作为一个历史学家和经济学家，卡尔·马克思预想到社会主义会最先出现在德国或者是大不列颠这样资本主义最为先进的国家。 然而布尔什维克却试图将社会主义原则嫁接到主要是靠耕种为生的未工业化的国家。 在中国，毛泽东将共产主义赋予了中国特色来与中国以及他自身利益的需求相契合。 按照他的理解，人民解放军将农民转化为士兵，将士兵转化为工人阶级，将工人阶级转变为革命同志。 与此同时，印度想要运用集体资源来提高那些深陷穷困深渊的人的生活，但是同样也想让他们在政府中有自己的话语权，这是英国法律不容许的。 从三种不同的共产主义形式发展出了三种不同形式的资本主义。

资本主义并不意味着市场控制一切，而社会主义也不意味着国家控制一切。 资本主义仅仅是说生产所用资产是自认所有的并且是为了获得利益而被运营。 早些时候，权力往往是建立在势力和神权的基础上的，但是在资本主义社会，权力来源于私有资产的所有权。 就是这么简单。

从俄亥俄州到阿拉巴马州，从法国到越南，具体哪些资产被私有化，以及在追求利润的过程中是怎么操作的都是有差异的。 例如，资本主义国家有股票市场，在其中企业证券可以被买入和卖出。 然而尽管它们形式相似，功能却不尽相同。 在美国，股权市场是企业们筹措资本的地方，风险也可以被分成一个一个美味可口讨人喜欢的小包装（股票）并进行分发。 与之相反的，日本的股票市场一直保留着作为公司团结盟友并连锁所有权之地的传统。

政府活动扮演的角色以及进展的程度以一种亚当·斯密和卡尔·马克思都未能预期到的方式变化。 对资本主义多样性有了一个更好的了解之后，与采用令人厌倦的右—左或者是自由市场—社会主义的简单二元机制原则相比，人们可以就贸易作出更明智的决定。

070

资本主义在封建制度中产生。 以前，会有一个人拥有土地，然后通过互惠互助的权利和责任，农夫会负责种植作物并将收成的一部分供奉给封建君主来交换一个赖以生存的地方、庄园中的一个职务和其他保护。 在资本主义制度下，会有某一个人拥有商场、工厂和船，并给工人们现金来交换他们的劳动。 对于马克思来说，资本主义是一个剥削的系统，但是要比封建君主制和其他现代化之前的社会组织好一些。在美国内战时期，马克思（或者真是他的合作者恩格斯）在纽约论坛报中这么写道。 毫无疑问，尽管他是如此反对资本主义，相较于南方的奴隶制，马克思很明确地更偏好北方的资本主义。

资本主义的表现形式

资本主义国家的领导人并不会打开亚当·斯密的《国富论》并对着清单逐条检查下来。 相反，每一个国家的资本主义都是在与社会传统、社会结构和国家特有需求共同应运而生的私人所有权以及利益产生方法的基础之上进化而来的。 国家的大小规模也有影响。 资本主义在冰岛和美国代表的是不一样的东西。 美国有着比冰岛多一千倍的人口和更多的领地以及自然资源。 正因为如此，在危机中美国可以更灵活。 在多种多样的资产主义衍生体中，依旧还是存在着一些相似之处的。

世界上现存的资本主义国家大体可以分为三个类别：伴随着英裔美国经济的自由市场资本主义、亚洲特色共同市场资本主义，以及调制市场资本主义，有时又被称为莱茵模式，它标志了现代社会民主的欧洲经济。 每种形式都在某些种类的市场中有自己的优势而在其他的市场中有劣势。

人们通常会将市场导向的资本主义与英裔美国经济联系在一起。在这种制度下，有最高价值的是创新和创业。 主要思想是市场是对于产品和服务的生产和分配最有效的机制。 借用美国政治科学家哈罗德·拉斯维尔对于政治活动的定义，市场机制和定价过程为以下问题提供了更好的答案：谁得到什么？ 在什么时候？ 为什么选择一种彩票、一个政府官僚或者是一个政委？ 市场鼓励创意、创新以及个人原创性。 与此同时，自由市场资本主义的政府将要建立并巩固竞争规则，同时提供市场可能不能提供或者是那些即使无利可图但仍然是社会上普遍想要的服务，包括教育、医疗健康、交通、公共设施以及国防。 不过国家的角色就相对要小一些了。 这是美国、许多之前的英国殖民地以及不那么现代的大不列颠的模式。

在公司资本主义制度之下，大型企业——通常由家族关系派生出来——负责奠定基调。 少数企业集团，通常情况下是家族所有，掌管着生产和分配的所有环节。 工人们与同一个雇佣者一起拥有更长的事业，这是因为他们可以在很多不同的部门之间进行调动；公司可以从成功的商业项目单元中获取利润，并将它们投资到研究和发展工作中。股东们，大多数情况下即雇员和他们的家人，出于忠诚的原因保留着他们的职位。 这个公司，而不是政府，成为了工人们福利的守护神。 这种模式是典型的亚洲资本主义，由日本的企业集团和韩国的财阀作为其标志。

社会民主的资本主义普遍存在于欧洲，它有时会被视为更偏向于社会主义而非资本主义，但是市场的作用力仍然是很强的。 工人们有权作为同等伙伴来与企业和政府进行谈判。 税收倾向于一个较高水平，因为政府给市民提供了一个装满大量商品和服务的篮子：对于医疗、教育、儿童保育工作、退休以及文化机构的支持与补贴。 它可能不像其他形式的资本主义那么灵活，给定雇主必须遵守繁重的义务且政府对于人民福利倾注的心血远远多于对贸易的投入。 但是它同样也倾向于创造一个稳定的社会，在这个社会中只有少数甚至没有穷困人民和更少的经济不平等。 这种状态有时被称为莱茵模型，它强调了集体的成就和公众对于同时获得经济效率和社会公平的一致认知。

在这些模型中，公民决定如何分配资源：国家越大，就有越多的资源，同时这个国家中的各个族群可做的选择就越多。 有着一亿两千七百万人口的日本，比只有其三分之一人口的南韩具有更多的灵活性，即使两个国家使用的是类似的资本主义模式。 尽管加拿大有着远远超过美国的领地和自然资源，它的人口只有美国的约十分之一，这几乎迫使加拿大的经济体的多样性更低，哪怕大体上来说二者的资本主义模式是类似的。

除了国家的绝对规模引起的差异之外，政府相对于经济体的规模大小也有不同。 政府提供了那些使得贸易成为可能的基础设施：国防、产权和合约执行，道路、公共交通和机场，教育和基础医疗保障。 有些政府能比其他的政府提供更多的服务。 有些政府政策会帮助企业，而有些会伤害他们的利益。

一种衡量资本主义国家之间差异的方式是将政府支出看成国内生产总值的一个百分比。 经济合作与发展组织（OECD）为一系列发达资本主义国家搜集这种数据。 正如图 5.1 中阐释的，美国政府在 2007 年花费了国内生产总值的约 37.4%，而 OECD 成员国的平均水平是40.4%。 法国政府花费了国家的国内生产总值的 52.4%，是样本中的最高百分比；最低的是韩国，只占了国内生产总值的 30.7%。

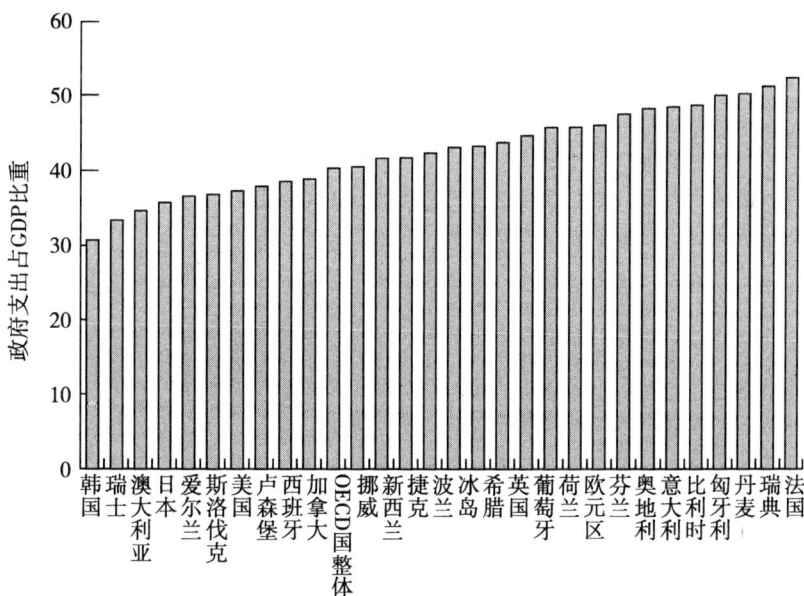

图 5.1 2007 年政府支出占 GDP 份额

来源：OECD 经济展望#83——附表："表 25，一般政府总支出。"巴黎：OECD，2008 年6 月

尽管关系表述并不完美，亚洲的发达资本主义国家在图 5.1 中的左边，由于大企业提供了安全网络，政府支出就相对较少。 英国以前的殖民地（美国、澳大利亚、加拿大和新西兰）大多数积聚于亚洲的右边，政府为企业提供了较欧洲国家更多的支持，但是与此同时对私营部门有极大的依赖。 英国和欧洲大多数其他国家占据了图表的右边，其政府支持更多。 （注意英国政府的花费比它的欧洲邻居们要相对少一些，这是由它的英裔模式资本主义根源决定的。）

　　瑞士是一个例外，其花费的国内生产总值比例要少于除了韩国以外的任何的工业化国家；英国是一个大手大脚的花钱者，但是它仍然比其他欧洲国家花费要少。 瑞士和英国有另外的一些共同点。 这两个国家都保留着他们自己的货币而不是加入欧洲货币联盟转而用欧元。 （英国属于欧盟，但是瑞士不属于。）

　　欧洲货币联盟一直是一个连接巨大文化差异，且针对没有政治联盟的各个国家的经济正在进行中的试验。 尽管法国和比利时在文化上和历史上的差异可能不会像韩国和瑞典之间的那么大，但是差异仍然是真实存在的。 近期由欧盟委员会赞助的一项研究发现：货币联盟扩大了欧洲的收入平等，尽管在此之前对于欧元和欧洲货币单位（ECU）的一部分希冀便是用它们发展更大的欧陆经济整合并缓解那突兀的地区性不平等现象。 从 1977 年到 2003 年，欧洲国家的收入差距减少了，但是仍然是美国各州之间收入差距的两倍；在使用欧元的国家之间，收入不平等现象有所加剧。

　　不管它的根源在哪里，资本主义在现存机构中生长，即使会对它们进行修改再繁衍出新的衍生体。 这些是有机的，反映出人们和企业的文化与需求。 同时它们是不可转移的，是从一个国家教育、信仰，或者是文化机制体系中蔓生到另一个国家的，但这并不意味着它能在别的地方茁壮成长。 一个机制体系也不能单独被改变。 拿美国自由教育来举例，它就是政治经济的一个功能：因为资本是灵活流动的、工作和行业也经常改变，所以它需要有广博知识背景的工人来学习新技能。 在日本，语言的复杂性意味着教育体系强调的是记忆；没有记忆，很少人能真正流利地说日语。 在斯堪的纳维亚半岛，那些国家太小以至于人们几乎是必须学习外国语言才能和其他人互动交流。 这些差异影响着美国人、日本人和瑞典人做生意的方式。 尽管在讨论文化问题的时候有着陈词滥调的危险，文化影响着人们的行为方式。 它使得全球企业远比去不同的餐馆要来的更加有趣且微妙。

中国、印度、俄罗斯

这是三个最近引入了资本主义的国家：它们都是人口众多、地域广博的国家，人均收入很低，对于新世纪的全球贸易来说是新手。 中国、印度和俄罗斯在 20 世纪中都有一部分处于自称为社会主义制度的时期。 中国和俄罗斯有过共产党引领的革命；印度从未有过共产主义，但是这个国家在它独立的早期实施了类似于共产主义的经济政策。这些新晋资本主义国家指望着在有着极大差异的政治体制中征服市场，用十分不同的方式抛弃社会主义制度。 中国仍然保持着官方共产主义，印度是世界上最大的民主主义国家，而俄罗斯陷入了独裁主义制度。

中国是有着资本主义，同时也有着中国特色。 现代中国仍需不断推进民新进程。 俄国，恰恰相反，在逐渐变成一个更独裁的政府之前有过短期的民主热潮爆发期，但那仅仅是表面上的民主机制。 有些苏维埃联盟的老一辈精英仍然掌控权力，但是现在是作为资本主义者而不是共产主义者。 他们剥削着国家的资源，特别是石油和天然气，只为了争夺整个欧洲的权利和利益。 俄罗斯目前在共产主义的帮助下可能变得更加富有了，但是很明显自主或自由的范围扩大了。 出生率很低，移居外国的人很多，而长寿人数下降了。

在印度，国家行使的开放社会制度帮助了它的发展。 印度有着多样化的人口，很多人都有在外国工作或求学的经历。 印度离散的犹太人用节点（连接点）在全世界创造了全球网络的基础，用这个来帮助他们建立连接，使得在家里办公成为可能。 很多创业者是通过殖民者的语言（英语），来对美国和欧洲国家提供涵盖从会计到客户目录服务的各种对外技术支持。 但是印度仍然很穷，并且它仍然有着小规模腐败的文化。

在 1993 年到 2007 年之间，中国、印度和俄罗斯都在发展他们的经济。 如图 5.2 中展示，俄罗斯的国内生产总值增长轨迹一直是断断续续的，一部分原因是其 1998 年的债务所致。 中国经济一直都处于两位数水平的增长状态。 印度的增长相对较平稳，但是仍然比更发达的国家增长得要更高。 不论用任何度量手段，收益都是十分优异的，表现出资本主义正在帮这些国家的经济逐步攀升。

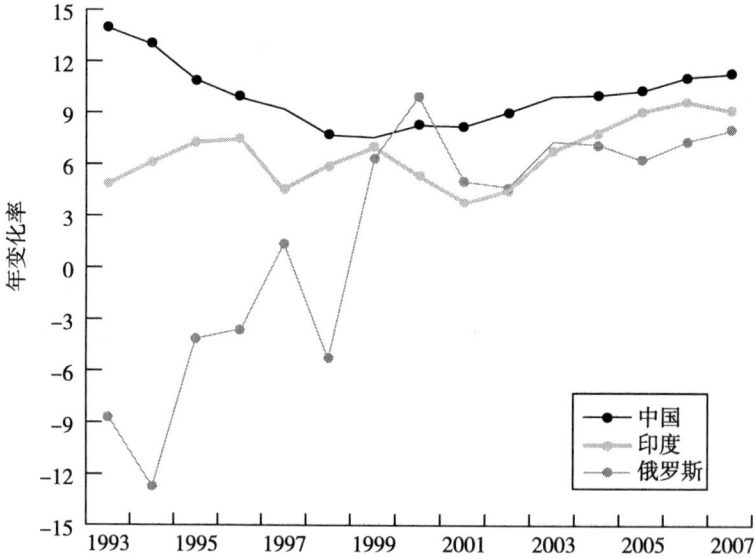

图 5.2 1993 - 2007 中国、印度和俄罗斯 GDP 增长速度

来源：国际货币基金组织

哪种通往资本主义的方式更好？ 这个问题没有任何意义。 因为不管哪种方式能在俄罗斯、中国或者是印度行得通，这种理解和理念可能并不能转移并被应用到其他地方。 这些国家之间的文化和人口差异很大：中国多少世纪以来都是王朝的规则；印度一直都是通晓多国语言的聪明国家，长久被殖民者统治着；俄罗斯有着强有力的中央领导的历史传统。

理论上是不存在最好的资本主义形式的。 这是在特定环境下才相对存在的。 对一个国家来说最有效的可能对另一个国家并不能起到相同功效，甚至有可能是不能被接受的。 有效果的是在一个特定国家的环境中的功效：地理上的、天赋资源上的、制度关系方面、惯性、组成以及政府联盟。 使用临时工，或者是指望办公室的正式工人在他们的办公桌前吃午饭，或者是标准的两周年假，这些可能在一个国家是无可厚非，或者属于正常习惯，可是在另一个国家情况就不一定了。 最好的是能反映出特定文化价值观的。 一个文化上或者是道德上同质的社会的习俗将与一个文化道德多样化的社会不一样。 文化会有很大的影响的。

一个为了使人们能相对更容易得到一份工作——当然也相对容易失去这份工作而被建立起来的经济制度，会与那些不容易得到工作但是得到以后就很难被解雇的经济制度存在一系列不同的机构和投资激励。前者有更多的资源可以用来投入到训练和职业发展的方面，同时雇主和雇员之间的忠诚度较低。 后者可能需要更多为维持劳动力关系所需要的资源，这是因为雇员和雇主期望待在一起很长时间。 但是两种雇佣的方式都可以被资本主义化。

资本主义和资本主义结构

在现代全球化状况下，当生产倾向于资本集约型（器械和技术），实现生产和分布的方式是不同资本主义之间差异的关键所在。 不论他们是银行、抚恤金基金会、政府或者是创业者的亲戚，投资者都期望通过他们的投资赚取利润。 这种期望是会受到要承担的风险以及他们的资金的其他用途影响的。 股票比债券要更有风险，所以股票投资者会期待比债券投资者能够收到一个更高的回报。 股票比债券更容易交易，并且如果公司破产的话股票是无担保的债权人，所以权益投资人可能会相较于债券投资人来说更容易对糟糕的表现表达出不耐烦。

有些资本机构的区别可以用不同行业的现金流特征来解释。 与偏好权益流动灵活性的科技公司相比，可以预期到现金流的实用程序更有可能用债券来融资。 资本结构同样也会被一个特定国家中的行业分布情况所影响。

美国公司的很大一部分资产都是从资本市场获得的，而资本市场会比投资资本的另一个主要来源（银行）要更加变化多端和不稳定。 欧洲和日本公司倾向于持有更多长期或有耐心的资本，特别是从银行和债券持有人那里获得的。 债务证券可以进行交易，但是大多数情况下，欧洲和日本的二级市场是众所周知的繁荣。 借贷人偏好数目可观并稳定的利息支付流，而不是收回资本收益。 依赖于这种债务的公司不需要对短期收入的波动有过多的担心，如果对整个策略有信心的话。

尽管看起来有些太直白，还是有可能会出现很重要的影响结果的。一个经历着他们职能货币的巨大升值的美国（或者是英国，如果需要的话）公司将很有可能把更大一部分升值压力转移到顾客身上，以此来维持他们的收入表现。 此间的激励机制是：公司需要维持边际利益率或是面对更高的资本价格。 本质上，他们是愿意以牺牲市场份额为代价得到收入的。 一个想获得更耐心资本渠道的日本或者欧洲大陆公司可能会接受一些边际利润率的下降来保留市场份额，而市场份额是企业长期策略存活力的关键。 确实，不同的竞争模式会帮助我们理解为什么美元贬值的传递是有限的，这反过来也减弱了美国贸易账目上美元贬值的影响。

欧盟的巴赫数据库跟踪观察了几个欧盟国家、美国以及欧洲的大规模制造公司的金融数据。 如图 5.3 所示，2005 年美国大规模制造公司的资产负债表上平均有 58% 的借款和债务，52% 的权益。 法国、日本和德国的借款要比其他国家的多得多，资本更少。

权益持有人不要求一定要有稳定的现金流，但他们需要能够轻易地从一项投资中脱身。 而这反过来可能会降低公司进行收购的能力，并使得那些想通过获得股票得到一部分补偿的雇员十分生气，同时增加他们对被解雇的潜在风险的担忧，并让那些关心公司长期存活能力的顾客生活在惊恐之中。

一个被它自己的所有者掌管的私有企业可能会按照那些所有人的奇思怪想运营，即使这些想法并不会带来利润。 而他们的兴趣有可能是想最大化收入，买得起一架私人飞机，提高社区能见度或者是仅仅追随内心疯狂的想法。 而利润可能都完全算不上是驱动力。 那些拥有者/经理人是回应自己的内心，并按他们自己的方式定义事情的价值。 这使得这种资本变成所有资本中最有耐力的。 它同样也是最受约束的，因为很少有公司可以在没有外界融资的条件下成为有影响力的玩家。

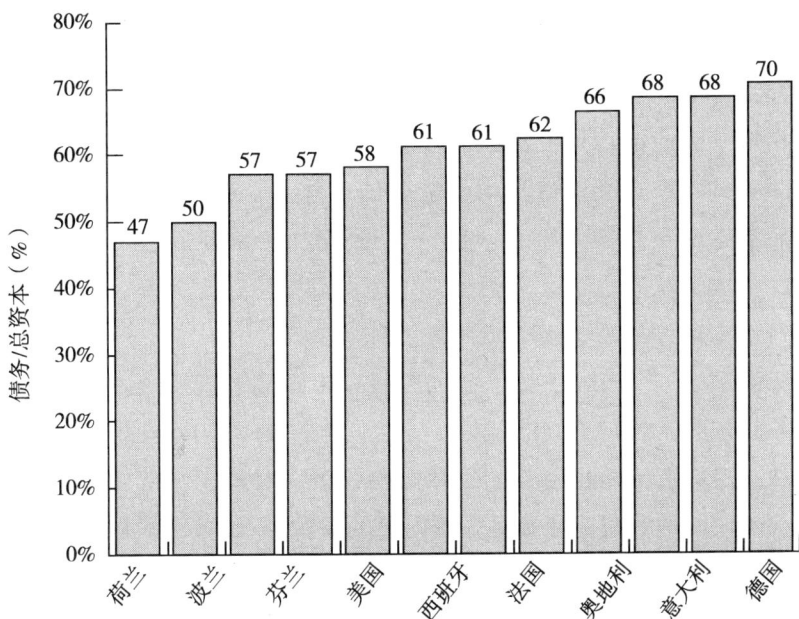

图5.3 欧盟BACH数据库统计的统一公司账户 1995 –2007

来源:欧洲委员会中央资产负债表数据部门

　　一个有着外界股份持有人的公司, 不论是在公共市场上或者是私人市场上, 都会对其他人有义务和责任。 如果新投资者是一个私人投资者或是母公司, 它将很有可能预期管理层向着高回报挺进。 一个公共股份持有人很有可能想要有稳定不变的每股收益增长来支持一个高股价。 如果公司有的是债务而不是股本, 它将不会对任何新拥有者负有责任。 然而, 它将不需经营产生足够的资金来支付预先计划好的本金和利息。 这可能会限制能被批准的项目种类, 有可能会有创意的项目, 或者是威胁到必须能够支付债务的现金流稳定的新投机机会。

　　冠以而言, 一个企业运营所处的环境给资本结构组成方式提供激励。 文化是很重要的, 因为有些地方的人觉得要有风险才更称得上是商业。 金融和人口方面的考虑在此时此刻也是很重要的。 如果一个国家的投资者群体向退休人士偏离, 那么投资者们可能就不会对有风险的投资感兴趣。 在有些国家, 税务结构更偏好股票带来的资本收益而不是债务带来的利息，而其他地方的情况可能相反。 与此同时，公司可能会觉得发行债务比发行股票要更有好处，如果公司税率极端得高。同时，规章制度的情况和市场发展的阶段可能会导致有些类型的证券在一个经济体中比其他类型的经济中要多。

相较于商业银行与投资银行分开的国家，一个由商业银行提供投资银行服务的国家的活动资本率可能要低一些。 这是因为前者会经历相较于后者来说更少的竞争。 如果一个公司与一家银行之间有着债务和股票两条线的联系，它必须更努力地工作来维持这个关系，如果它与很多银行都有这种关系，那么就不需要如此。

即使是在一个市场依赖于普通股股东来筹措大规模资本的情况下，不同的股东群体会有不同的偏好，这会影响到公司如何安排优先顺序。一个独立投资者可能是耐心的，并觉得有责任对公司保持忠诚，即使是在情况比较困难的时期他都坚守着自己的股票。 相较于其他任何事情，一个金融机构投资者可能更在乎业绩，于是一听到不好的消息就会很快撤退。 美国一个普通的公共基金的组合周转率都是接近百分之百的。一个政府股东可能是耐心的，但是也有可能有着与盈利率不相关的兴趣，例如关心的是雇佣情况或者科技创新。 一个主权财富基金可能对利润感兴趣，但是它也得要认识到它的购买和出售行为会对外交关系带来的后果，并且尽可能地不要寻求影响公司政策像投资可以担保的那样。

资本偏好的不同可以导致公司在其他国家寻求借贷人和投资者。跨越国境的行动可能会冲击到这二维的货币价格、利率和汇率。 欧洲和亚洲公司经常来到美国进行风险投资，因为美国资本结构、机构安排和文化都提供着冒险的激励。 例如，在20世纪90年代的科技大发展中，这种需求帮助了美元维持自己坚挺的状态。 寻求更高利率的欧洲投资者，在21世纪初借钱给那些发展中国家的人民。 这在2008年突然终止了，因为借款人实际上比出借人想象得要更有风险。 很多欧洲银行可能并不像美国银行那样错误估计了借钱给次级贷款人的风险，但是他们确实错误估计了借钱给发展中的市场和公司的风险。 这也是在2008年下半年和2009年上半年给欧元汇率带来巨大压力的需要谨慎考虑的问题之一。

资本主义政府优先权

　　国家都有政府。 文化和资本家可能会奠定基调,但是政府对企业运营方式还是很有影响力、并享有话语权的。 不管市场多么自由,政府关于安全、财政和货币政策以及知识产权保护方面的选择影响着公司、企业在世界市场中进行交易的方式。 即使这些是所有人都会接受的政府干预的最基本水平,除了最崇尚无政府主义的自由交易者。 (他们还是常常在关于更广泛的规章制度和社会福利的争辩中被忽略。)

　　军事武装力量是一种安全形式,但是另一种则是政府的架构。 一些资本主义国家民主程度很低甚至于完全不民主,这样企业不用担心政府优先权周期性地发生彻头彻尾的改变。 民主国家按照不同的日程进行选举,有些比其他国家要更频繁,而有些的日程更容易预期。 所有的这些都影响着企业们在当地市场拥有的稳定性,而这可以影响他们投入国际贸易的能量和热情。 选举会导致不确定性,即使是在以前有着政府转型后来建立了民主制度的政权中。 投资者十分讨厌不确定性和所谓的"惊喜"。

　　尽管很少有国家通过限制自己的货币或者是严格绑定另一个国家的货币,例如几乎是用公认的变化着的自由度来衡量自己的货币政策的美元,来外包自己的货币政策。 这意味着需要衡量货币的适当数额(货币供给)和价格(利率)。 这相当于干脆地把政府扔在宏观经济学的海洋中,让官员们尝试掌控通货膨胀、利率、国内生产总值增长以及雇佣情况。

中央银行的角色

　　中央银行有多种不同的存在形式,有着不同的授权和政策工具集合。 中央银行组织架构的方式影响着它进行决策的方式,而这又反过来会影响在政策决定等式中变量前面的系数。 在美国,联邦公开市场委员会一年要召开八次会议。 它的成员包括联邦储备系统的七位地方长官、纽约联邦储备银行的行长,这个行长任期一年,轮换制上岗。 于是,建立在华盛顿的总部管理理事会成员在数量上超过了联邦公开市场委员会，并在政策的方向上有着举足轻重的话语权。 这个人力部门在信贷危机中变得更重要了，当时很多联邦政府的创新解决办法，例如向外大量借出设备，都是这个理事会的决定，而不是有众多地区银行行长在任的联邦公开市场委员会能够左右的。

在欧洲中央银行（ECB），整个架构是完全不同的。 理事会由欧洲中央银行理事会 6 个成员和欧盟国家中的 15 个中央银行官员组成。 因为核心成员规模小，它在理论上是可以被那些对自己国家而言将整个地区看成一个整体的经济状况更敏感的官员用多数票击败的。

尽管在欧洲中央银行简短的历史中，这种风险并没有实际出现，但是我们仍然可以注意到一个有趣的现象，在美国，地区性联邦储备银行，特别是纽约银行曾经一度主导了联邦财政决策，导致了一个新的制度化安排使得理事会有了明显的大多数席位。 当更多的国家加入到这个经济和货币联盟中，成员的绝对数量可能会让理事会越来越不好掌管。 解决这个管理问题有两种方式。 第一个是将理事会的规模限制在固定的绝对或者相对水平上。 第二种则是从美国的詹姆斯·麦迪逊的联邦党人文献第十篇选一页，并对下面的事实表示感激，即这个地区已经在经济上完全多样化了，这样就可以防止一个永恒的可以挑战欧洲中央银行理事会权威的大多数人群出现。

欧洲中央银行运营所处的制度和文化环境以及它的结构似乎是比那些观察者们特别强调的差异要更重要。 通常欧洲央行的单一价格稳定管制授权是与美国联邦储备的两个管制授权相对照的：价格稳定和充分就业。 欧洲央行主要聚焦在通胀上，而美联储通常更偏好个人消费支出的物价变化的核心衡量办法。 欧洲央行采用了它自己关于物价稳定性的正式定义——来维持消费者价格上升约两个百分点。 与之相对的是美联储有不正式的目标，他们用的是被称为低于核心 PCE（个人消费支出）减缩指数 2 个百分点的"舒适水平"。

这些区别比事实上看起来要更加明显。 美国联邦政府倾向于运转，好像只有在价格稳定的时候，充分就业才可能出现。 这两个授权原则操作起来其实跟 ECB 实行它的单一授权原则并没有本质差别。

尽管 ECB 有着明确的通胀目标，它的正式性并不会跟美联储的不正式目标有很大的区别。 ECB 很少在没有其他不良后果的前提下达到它自己定义的通胀指标和利率。 与之相反,举例来说,如果英格兰银行没能成功地把通货膨胀水平保持在一个围绕着英国财政大臣制定的目标的特定范围内,它必须写一封信来解释为什么会出现这种情况。 即使一个正式的通胀目标的可解释水平看起来十分一般,并且,除了可能出现的尴尬局面,看起来跟美联储的不正式目标没有什么本质区别。

类似的,观察者们可能会夸大一个核心通胀率对于联邦储备的重要性。 尽管一部分联邦储备局的官员指出,核心通胀率是他们较偏好的指标,但是他们也显然会将整体通货膨胀率纳入考虑范围内。 这可以从他们对于国库发行的通货膨胀保值债券和采访中获悉的密歇根大学对通货膨胀的预期的不赢不亏这个现象的引用中看出。 美联储和 ECB 的官员都引用了五年/十年指标,这其实本质上只是将一个与通胀挂钩的十年期债券第二个五年的未来五年的通货膨胀率拿出来以得到对长期通货膨胀预期的另一个解读。

美联储和欧洲央行之间最大的区别更多在于他们的组织和他们所处的政治、文化和制度环境,而不是那些更多被拿来讨论的差别,例如授权、通货膨胀率的衡量以及他们通货膨胀目标的正式性。 环境上的一部分差异是 ECB 通常明确地警告不要有过多工资需求,或者是它称之为更高物价带来的"第二轮"冲击。 正是这个逻辑驱使着它在一个历史性的信贷危机之中、在欧元的多年上涨趋势尾声中短短的几个星期之内、在物价的一个令人惊讶的飞跃即将终结的时候,也就是 2008 年 7 月初,提高了利率。 很多人那时候都对 ECB 的这个决定发出质疑和批评的声音,但是历史可能也会作出一个类似的决定。

知识产权和资本主义

知识产权也驱动着资本主义发展。 政府不得不通过专利、商标和著作权来保护创造者的利益,否则他们就没有去创新的动力。 但如果政府对其过于保护,那么思想就很难进化。 政府对思想和创意的保护程度会影响到企业们对于在该国做生意的意愿以及创造出新技术的数量。 大家都已经逐渐遗忘了查尔斯·狄更斯当年拒绝圣诞颂歌在美国发行，因为各种出版商，例如本杰明·富兰克林，侵犯了狄更斯的版权。 事实上，狄更斯来到美国进行国际版权法活动。 当然，随着这个新国家发展出自己的知识产权体系，所有者们追求着对于这类权利的更好保护。 中国自己就有可能产生类似于这样的一个转变。

资本主义的不同形式制造了不同形式的创新，这可以在专利应用模式中体现出来。 例如，在美国，专利更有可能是授予那些程度剧烈的改变而不是授予渐进式创新的。 这使得研究者们聚焦在大的、新的思想创意上。 在德国，专利办公室很愿意支持那些会带来形式和功能上细微的提高和进步趋势的物质和技术上的小变化。 并不是说两者一定有个孰优孰劣。 这是整个制度安排和文化偏好的共同作用。

如果知识产权未能得到恰当的保护，企业们将会不愿意在一个国家内继续深入发展。 在发展中的经济体里，这是尤其重要的。 发展中经济体里的消费者会想要名牌产品，但是他们买不起。 印度政府规定可口可乐如果想要进入他们国家，就必须移交他们的秘制配方作为代价。这使得可口可乐几十年来都没有进入印度，直到后来政府默许了。

事实：美国的资本主义不是处于它的竞争中的资本主义

资本主义不是单独的一个教条，不能被拿来程式化地学习套用。它以几种不同变体的形式出现，而这些变体是受一个国家的文化、历史和制度环境影响的。 资本主义的很多形式会导致各个资本主义国家进行贸易的方式十分不同。 即使是在自由贸易条件下，一些国家会有其他国家没有的优势，因为企业们依赖的资本来源不同，政府支持的形式不同，工作人员的文化背景、身份背景也不同。 资本主义的形式是可以通过公司什么时候承担了多少风险反映出来的；管理人员如何应对变化中的市场、工人们和消费者们对企业和政府有什么期待，这些都是可以体现资本主义形式的地方。

英裔美国人的资本主义模式和自由市场经济是由创业想法、强烈的盈利动机以及整个政治经济的灵活性驱动的。这种情况下没有很多的政府支持，而政府支持会创造它自己的利益权衡。信贷危机强调了一个过于明亮的监管环境的弱点。2008年10月，曾经被奉为大师的艾伦·格林斯潘在国会面前的证词中坦承了自己的过失，承认他撤销管制的谬误是建立在一个错误的信仰之上。他曾经错误地认为机构，特别是金融机构，会照看好股东们的长期利益。

这是一个多么惊人的职业轨迹，它在很多方面都记录了美国自己的进化过程，并阐释了自己本质上的实用主义。在20世纪50年代和60年代，当伟大的社会刚刚建立起来的时候，格林斯潘搬到了艾恩·兰德身边。艾恩·兰德是一位出生于俄罗斯的小说家，她倡导原始的个人主义和极尽简单的生活状态。在格林斯潘和她共同书写的文章中，他倡导大家回归到纯金标准并废除中央银行。他首先理智地拉开自己和艾恩·兰德的距离，而艾恩·兰德在1974年他首次宣誓就职担任福特总统的经济顾问委员会主席的时候就作为他的嘉宾在现场。即使是作为美联储的主席，格林斯潘都一直鼓励透明的管理机制。在当选主席的二十多年后，他承认了他的错误，并坦承归根究底政府的角色都是很重要的。信贷危机很可能会导致政府要承担一个永恒的更重要的角色，要监管的范围也更广。

事实上，现代美国人不会意识到也不会真正只想要有一个解决稀缺资源的分布的市场方案，他们也不会承认或者是接受纯粹的社会主义。仅仅因为中国，或者印度或者俄罗斯都在试图引进更多资本主义政策，我们并不能说这些国家中的任何一个都必将成为盟友。他们仍然有他们自己的国家和政策利益，资本主义利益不是生来就是有利于美国利益的。对于全世界的资本主义模式范围有一个更好的理解会帮助美国公司在不侵犯我们自己的基本政治信仰的前提下更好地竞争。但是，并不仅仅是竞争元素能得到巩固加强，对于不同利益权衡的更好理解可能会意味着国内将有更大的选择范围，同时也可能会帮我们带来更好的理解、更少的不合理需求以及与美国的交易伙伴和对美国直接投资的公司建立起得到改善的关系。

第六章

第六个误区：美元在国际上的特殊地位已经不复存在

如果美元疲软，难道人民币或是欧元不会疲软吗？

2008 年 3 月，冰岛的领导人认为，如果放弃瑞典克朗采用欧元作为货币，国家会更好。 他们知道，不管从价格制定还是货币稳定性方面来看，国家都需要一个强劲的货币。 在政府的支持下，两个冰岛银行申请在他们的账户权限里使用欧元，但是欧洲央行回绝了他们。 冰岛政府提出了将克朗与欧元搭售的想法，就像沙特阿拉伯和中国盯住（固定的货币的汇率）美元一样。

自从欧元在 1999 年问世以来，许多评论家和其他专家们警告说，欧元即将取代美元，成为经济学家所说的价值标准，即世界经济的货币标准。 在信用危机之前，学术界就浓墨渲染世界需要多样化的货币储备，以及将国家主权财富转移到购买非美元资产上去是多么的必要。

由于欧元价值在 2008 年上半年创下新高，美元消亡被广泛散布，这甚至在流行文化中也有所渗透。 据报道，一位巴西名模要求用非美元货币支付酬金，在美国也有几家商店接受欧元付款。 美元的贬值曾是广告、视频和电视短剧的主题。 2008 年初，美国国家情报总监迈克·麦康奈尔在向国会的汇报中指出，美元疲软对国家安全构成了威胁。

这是欧元的时代吗？ 很可能不是。 欧洲央行不仅拒绝冰岛加入欧元区的申请，还发表声明说，它不会鼓励其他国家和地区盯住欧元。欧元区当局表现出不愿与美元竞争的姿态。 一种货币作为国际计价工具，可帮助货币发行国获得巨大的铸币税利益，但不可否认，发行国当局却面临很多的权衡取舍，例如由于贸易和国际资本流动的增加而带来的更大的以国际货币计价的储备资产需求。 经济学家 Robert Triffin 在布雷顿森林体系崩溃的前 10 年就指出，一个国家的货币，如美元、日元或英镑作为储备资产的使用，会有一个根本性的两难选择。 对货币的需求将会随着时间的推移增加，而如果需要足够的供应以满足市场需求，则会出现越来越大的经常账户赤字，这会破坏信心。

外汇，就其本质而言，是独一无二的。 人们可以卖出股票，同时买入债券，也可以卖出债券来买黄金，但是人们在卖出货币的同时必须买入另一种货币来作为交换。 某一货币的外汇价格是用另一种货币的价格来表现的。 每一个国家的货币的价值，是相对其他货币或一篮子货币的价格。 当然，这并不意味着所有的货币都是平等的。 一些国家的货币可能是更好的价值存储工具，或者被认定为更广泛的交换媒介，在计价、会计记账等领域被主导性地使用。

有些国家选择将本国货币与另一种货币挂钩。 在布雷顿森林体系下，美元与黄金挂钩，所有其他货币都与美元挂钩。 虽然在 20 世纪 70 年代初，布雷顿森林体系崩溃，但是在大多数国家被迫放弃本国货币盯住美元之前，就迎来了 1997 - 1998 年亚洲金融危机。 几年后，巴西和阿根廷也放弃了盯住美元。 尽管如此，几个国家和地区的货币继续坚持盯住美元，特别是许多海湾国家和香港。 美国同时联合 G7 其他国家鼓励各国采取更为灵活的汇率制度，而不是一直盯住美元。

具有讽刺意味的是，一些评论家，如美元传记的作者 Craig Karman 等，通过阐述很多国家对美元衰落的反应（如放弃盯住美元等），他试图向世人证明美元即将消亡。 当然事实比这些评论家所描述的要更为复杂。 在布雷顿森林会议上，美国认为其国家利益已经主要为国际货币的固定汇率制度服务。 美国深陷于重建欧洲和日本使它们的经济实现"赶超"、由越南战争所带来的压力，以及扩张的国内议程的泥潭中，这些都促使美国单方面打破了美元与黄金之间的联系，使得世界走向了由市场供求关系决定的货币内在价值的法币时代，在这个全新的国际货币体系中，政府和中央银行已经不再是货币价值的唯一决定者了。美国很不情愿地接受了新的浮动汇率制，因为这已经是可供选择的糟糕方案中相对较好的一个了。随后，美国总是装成出于好心在规范国际货币市场，他的诀窍就是要求其他国家的政府放弃对外汇市场中货币价格的管制，并建议这些国家通过市场手段来为货币定价。

当一个国家选择将自己的货币与另一种货币挂钩时，它就失去了制定货币政策的自主权。其公民需要使用一种由在世界上的其他地方正在发生的事情来决定其价值的上升或下降的货币。相反，在没有挂钩的情况下，货币波动是建立在市场的供求关系的基础上。对于一个像冰岛这样的小国，在市场定价的机制下，汇率会出现大幅波动。如果你是一个外汇交易员，而不是鱼类出口商，这可能会更加有趣。大国和小国都不想靠市场力量来调控货币，欧洲央行也不感兴趣。美国保持着这样的角色，也许部分是由于惯性的作用，部分是因为没有明确的替代品出现，部分是由美国的一些特性所致，如安全和政治稳定因素，美国国债市场的深度和广度，和它作为一个超级大国的国际地位。

当货币可随时转换并且相对稳定时，他们就具备了成为国际支配性货币的潜力。他们将会在其后的发展中慢慢转换成理想的贸易和储蓄货币。美元是世界主导货币。它不仅是重要的储备资产，更是一种贸易的计价货币，甚至在不涉及美国或美国公司的范围内。但是当美元疲软时人们就会质疑，它是否仍然是世界上最受欢迎的货币，美国是否仍将享有美元国际化带来的权力和特权呢。

虽然很多投机活动试图逆转美元的主导地位，伊朗和委内瑞拉也为降低美元的国际属性做出过不少努力，但大部分国际商品，如石油，仍然以美元计价，而伊朗和委内瑞拉等国也不得不承受美元升值、欧元贬值的先发劣势。除了少数接近欧元区的国家，美元是由投资者和决策者评价一个国家的货币的关键参照物。美元仍然是首选的干预货币。几十年来，它可能会继续作为世界上首屈一指的货币存在。

储备

随着国际政治经济的转型，储备的目的已经改变。 在固定汇率制度和有限的资本流动下，一个国家需要储备，以满足日常贸易活动的需求。 三个或六个月的进口储备通常被认为是足够的，就像一个家庭的储蓄账户中要预存几个月支付房租或抵押贷款的钱以备不时之需一样。

正如 20 世纪 90 年代初阿根廷比索与美元挂钩一样，当一个国家的货币与其他货币挂钩时，美元储备会被认作是货币的相对供给量。 相反，如果持有比索的人都想要美元，中央银行会持有足够的美元金额以确保这种挂钩的汇率制度是有保障的吗？

1997 – 1998 年亚洲金融危机时，经济学家和投资者开始思考国家储备量与私营部门的短期外债义务之间的相对大小问题。 问题是：国家是否拥有足够的外币可以保证主要私营部门短期债务的偿还？ 在信贷危机中，作为储备的关键指标，资本流动继续主导贸易流动，但重点转移到股权变动。 在危机爆发之前的几年，外国资本大量流入新兴股票市场。 在危机期间，这些资本流向逆转。 由于资金流出、储备，尤其是亚洲的储备，被用来吸收那些被正在逃离的外国投资者出售的当地货币。

在政府有意帮助市场适应不断变化的供求压力的情况下，储备也给国家提供必要的资金以干预外汇市场。 一些国家，特别是正在迅速融入全球资本市场的新兴市场国家，为了避免本国经济被大量涌入的短期资产组合所干扰，可能会积累储备。 这种类型的干预从消极的层面上缓和经济波动，而不是积极地促进市场发展或扭转市场发展趋势。 同时，这种干预可能有助于减缓货币的升值，并帮助维持出口导向型的发展战略。

一些中央银行（诸如澳大利亚储备银行这样的）在外汇市场上频繁操作，他们将此作为行使其市场监控功能的一部分。 挪威的中央银行，即挪威银行，也会定期进入外汇市场，并把其石油和租赁收入转移到主权财富基金中。

旨在扭转市场发展趋势的干预措施是罕见的，而且影响往往是复杂的。 比较重要的调整型干预措施有：1985 年旨在推动美元下跌的广场协议，1995 年旨在停止美元下跌的措施，和 2000 年 10 月旨在强化欧元地位的协调干预措施。 除了单方面的市场干预，各国之间也通过积极的双边合作影响市场，诸如 1998 年美国和日本通过双边合作来制定美元的汇率上限。

单方面干预通常都会事与愿违。 从 2003 年底至 2004 年初，日本银行进行了大规模的干预。 作为计划的一部分，日本银行买进数百亿美元，以遏止持续对宏观经济造成负面影响的通货紧缩。 整个干预期间，美元汇率下跌，直到停止干预时才开始复苏。

在我们结束干预话题的探讨前，有必要提出一部分战略性的观察评论。 首先，规模的大小似乎不是干预是否成功的决定性因素。 美国拥有相对较少的储备。 政府介入市场更多的是利用它所拥有的市场情报和技巧。 日本的干预往往是从规模上压倒市场的干预。 虽然布雷顿森林体系结束后，除布什总统外的每一个总统都已批允这种干预方式，但像日本一样企图压倒市场式的干预在美国仍是罕见的。 美国在进行市场干预之前都会仔细掐算市场心理升值的时间，其中可能包括关键图表点和投机定位。

其次，递进式市场干预可能是最好的。 早期的干预本质上是口头工作。 政府决策者对当前经济形势表示质疑，并表示出对外汇市场波动性的关注。 有时，他们可能会反对延续现有的趋势，例如说明欧元的进一步损失可能会事与愿违地减少全球失衡。 官员通常不会随意介入，但一个成功的操作往往是出奇不意的。

第三，如果之前放出干预信号或者政府的政策发生改变，比如利率政策，那么干预行动成功的可能性会增加。 但这个条件却不是总能够被满足的。 有时候，政府干预给人的感觉是在拖延时间——在达到宏观经济调整的目的之前，政府干预一直在稳定以及减缓市场的波动。

最后，由 G7 各国提出的干预冒着扰乱或者稀释它对其他国家的策略呼声来让市场力量决定货币价值。 除了言辞虚伪之外，G7 的要求也未能充分考虑到过于频繁变动的货币政策对一个具有很弱的金融机构和政府体系的欠发达的小国家的艰辛。 七国集团所呼吁的"灵活"的货币制度往往被经验证明是"不稳定的"。 正如许多人所了解的那样，比压倒一个国家的资产市场、扭曲经济信号和助长泡沫的短期投机性资本流入更差的一件事情就是资金何时流出。

信贷危机可能会改变一些有关储备的作用的思想观点。 在危机爆发前，人们更多关注的是正在积累的超额储备。 中国和日本等一些国家拥有超额储备，两国的外汇储备占 2009 年世界总储备的三分之一。然而值得深思的是，他们不仅拥有了足以抵抗经济危机的外汇储备，还需要继续积累更多的储备以使得他们能更好地融入全球的贸易和资本流动。

此外，美国的储备需要被其他一些关键央行的信贷额度所填充，这也成为政府获得不同货币的方式。 在信用危机期间由联邦储备局所设立的最大的几个应急预案中，包含大量由大央行和一些新兴市场签订的广泛的互换协议。 通过美元互换额度，可能有助于缓和美元急剧升值，尤其在金融危机更加深化的 2008 年下半年。 美联储并不是唯一实行这一政策手段的央行。 例如，在 2008 年 11 月，瑞士国家银行同意提供给波兰中央银行用欧元兑瑞士法郎的信贷额度，这使得波兰银行可以为本国银行提供资金，以便从事对外交流活动。

储备管理

就像任何其他投资组合的管理，储备管理的首要目标是安全。 没有一个央行工作人员会希望有一天跟全国人民解释说，由于对新兴市场货币的投机性操作失误而使本国的外汇储备遭受了损失。 储备似乎总是用美元计价的。 储备的价值会受到资本供求，以及资产转换成以美元为计价方式的美元时的汇率的影响。 美元对欧元的汇率从 2000 年左右到 2008 年中期有所下降，又由于证券收益率下降，所以政府储备的价值提高，价格普遍上升。 同样，正如一些国家的干预活动，美元的上涨和债券收益率的下降将致使储备价值下降。

关于储备的货币构成的最权威的信息发布机构是国际货币基金组织。 COFER（官方外汇储备的货币组成）的报告一贯表明，美元是最流行的储备货币,紧随其后的是欧元和日元。

出于担心其全球影响力的下降,美元储备占据了 1995 年和 2007 年 (见图 6.1)之间的全球总储备中较大的份额。 与普遍认知相反,欧元从未抢占美元的储备份额。 以欧元和它的前身计价的国际储备一直保持与上年大致相同的比例。 而在国际储备货币体系中变化最大的币种是日元,它丢失了一半以上的市场份额。

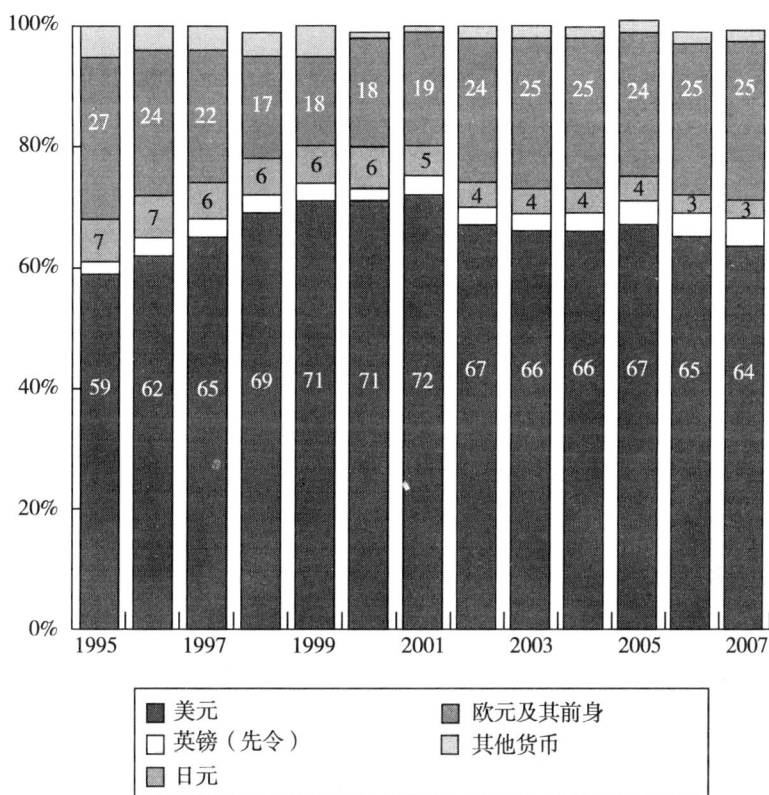

图 6.1 分布分配的储备货币 (1995 - 2007)

来源:国际货币基金组织 COFFR 数据库,更新到 2008 年 9 月 30 日

有大量货币是作为储备的形式存在的。 2007 年底,外国中央银行以官方储备及其他资产形式持有约为 3.3 万亿美元的美国资产。 同一年,各国央行又通过增持 4 110 亿美元资产提高了他们对美元资产的持有地位。 虽然外国银行不断增持美元资产,但他们的占有量只相当于

美国国内生产总值的四分之一，因而不会对美国造成威胁。

并不奇怪，各国央行喜欢持有风险最低、最具流动性的证券作为储备资产，这样明确的偏好是可以理解的。 他们在美国的投资主要集中在美国国债和政府资助性质的债券。 美国国债和机构证券，是美国整体证券市场的一部分，也是美国资本流入中很小的一部分。 财政部"财政部国际资本（www. ustreas. gov/tic/）每月投资组合流动报告"说明了这一点。 这些数据与美国的季度经常账户报告或美国经济分析局国际净投资报告并不一致，但它仍然可以揭露真相，金融市场，尤其是外汇市场都需要密切关注它。

在 2008 年 8 月前的 12 个月内，外国投资者持有美国长期证券的总额增加为 798.2 亿美元，其中 172.5 亿美元是外国政府机构购买的政府债券。 与此同时，美国投资者削减了 34.8 亿美元的外汇持有量，这减少了他们与海外市场的接触。

作为关键的国际储备货币，在美元国际收支失衡以及欧元问世的双重冲击下，美元的国际属性被削弱了。 各国央行，从亚洲到东欧，从中欧到加拿大，都已将其储备多元化，但他们没有通过抛售美元来做到这一点。 相反，它们抛售日元，买进英镑，并增加了一些其他货币。

除了外汇储备，许多国家利用从他们经常账户盈余中产生的剩余财富进行风险投资。 这些被称为主权财富基金的资金，最初受到国际货币基金组织的鼓励，以便他们在一旦失去出口优势的情况下，协助国家维护和管理他们未来的财富。 挪威就是这么做的。 或看看科威特：它已成为一个富裕的国家，销售供应量有限的商品。 通过对过剩资本的投资，现在它可以减轻石油供应减少的影响。 其他国家，特别是那些没有主权债务的，向国外投资盈余资金，以支持养老计划。 这些资金已经在国际业务上运作，特别是用于支撑陷入困境的金融服务公司及他们的投资，这包括花旗集团和摩根士丹利。

虽然美国政府并不在民营企业投资（尽管 2008 - 2009 年金融救市），美国是通过阿拉斯加永久基金这样的州政府投资账户，成为世界主权财富的玩家。 其他人将加入加州公共雇员退休系统（CalP-ERS），它管理着国家职工的养老钱。 正如美国人有时为阿布扎比或韩国的财富基金而焦虑和矛盾一样，一些日本公司也很少受到 CalPERS 的关注。

主权财富基金的动机并不是全球霸权，它只是风险调整后的纯利润。 这些国家要在美国投资，通常是一件好事。 美国是由外国资本构建的。 主权财富基金可以成为耐心的长期投资者。 他们的投资，很少要求股东席位，或试图影响公司的政策。 CalPERS 在这方面显然是一个例外，目前为止，基金有时会迫使企业完善公司治理的步伐。

对于如何把握他们的盈余和储备基金，中央银行有很多选择。 他们可以持有金库中的黄金、现金、银行存款、国库券、短期和长期政府证券，以及其他类型的可迅速兑换成现金的证券。 由于贸易、资本流动和经济一体化的加强，各国将需要更多类型的储备。 资产和债务的管理人员可能需要找到新的方式来吸引储备、债券购买者和投资者。这可能需要开发新的证券。

伊斯兰教法

如果美国要创造更多的机会供中东人在这里持有货币储备，情况会怎样呢？ 根据穆斯林法律，或被称为伊斯兰教法，从贷款中谋取利息是被禁止的。 相反，从实际资产表现（如利润份额）中获得的金融证券的回报率，在伊斯兰教法看来是合法的。 虔诚的穆斯林仍然需要获得资本以及对资本投资，因此，金融工具中所谓的伊斯兰债券就创造了出来。 伊斯兰债券是附带所有权和风险的资产支持凭证。

其他符合伊斯兰教教规的证券包括特殊用途的车辆，即拥有一份金融资产，然后发行该资产的金融债权。 这种债权代表一段特定时间内按比例收益的拥有权。 教法已经被理解为似乎灵活到足以随时间而变化。

现在已经有很多被教法所批准的金融工具被发布出来，他们复制了许多传统金融产品的功能。 这些工具包括固定和浮动利率的收益、远期、期货和互换协议。 正如在 20 世纪 70 年代石油收入激增，是一个发展的催化剂，目前石油美元的洪流也会进一步推动发展。 估计有分布在 40 多个国家的 240 家金融机构都是伊斯兰教教规机构，它们管理着约 4000 亿美元的资产。

尽管世界银行已发行伊斯兰债券来募集其活动的资本，但穆斯林融资仍然主要是一个利基市场。 有一个德国的和一个总部设在美国的石油公司也发行了伊斯兰债券。 深不可测而广泛的伊斯兰资本市场对于美国经济和地缘政治利益来说一直是有实践基础的。 他们促进经济发展，并通过经济发展，促进稳定。 他们帮助一些地区和那里的人融入世界经济，并在世界的繁荣中占据更大的份额。 发展伊斯兰资本市场也将有助于避免在亚洲地区潜在的不稳定失衡再次出现。 美国财政部应该考虑创造一个以美元计价的债券，并符合伊斯兰教教规。 有很多种形式可以采用。 这标志着对伊斯兰法和人民的尊重以及对军事和政治战略的局限性的认知。 它会被认为是真正的战斗，像往常一样，为人们的心智而战。 因为这将是一个资产支持证券，它可以转化为财政部和美国纳税人的低利率。

投资伊斯兰债券不一定是穆斯林。 许多传统的基金经理已经开始把伊斯兰债券作为一个单独的资产类别，这有助于整体投资组合的多样化。 随着投资界对社会负责要求的不断增长，基金经理们也被严格受教条约束的道德标准所吸引。

此外，不断创新使得美国成为世界金融中心和一个有吸引力的投资场所。 许多美国官员曾表示，纽约市正在失去其在全球金融世界中的领导地位。 当布朗还是英国财政大臣，也就是成为首相之前，他说，他希望伦敦成为全球伊斯兰金融中心。 为什么要在伦敦而不是纽约？遵从伊斯兰教义的伊斯兰银行已在英国获得特许。 起到监督和管理的角色的美国联邦储备理事会（FED），很可能是在为伊斯兰银行申请在美国经营的那一天作着准备。

计价货币

在本章前面引用的国际货币基金组织全球储备数据是以美元计价的。 事实上，全球大多数经济数据是保持用美元计价的。 墨西哥城机场免税商店的围巾价格是用美元标记的，欧佩克石油价格也是用的美元。 企业进行国际贸易会使用美元作为标准货币，以减少并发症和风险。 美元使用的地方，并不需要有美国的买家或卖家。

在美国，2003 年进口的 90.3% 以美元定价。 （这是最近一年的数据。）在日本，进口的 68.7% 以美元结算。 在法国，进口的 46.9% 以美元结算，比曾用欧元结算的 45.3% 还略高一些。 欧元问世 4 年后，美元仍然主导世界贸易，即使是在欧元区的许多地方。 与唱反调的相反，美元在世界经济中的作用仍然是首屈一指的，在另一个层面也未受到挑战。 那些认为太阳是美元设置的人，很少把美元作为计价货币来讨论。 此外，这也是美元的角色不受外汇市场的波动影响的要素之一。

可能美元对发票的普及是因为美国作为世界上的银行家和重大交易商的地位。 相对于美国国内生产总值（GDP）进口量和出口量可能不会太显著，但以美元计算，相对于大多数其他国家国内生产总值的大小，却是巨大的。

美国在 2007 年进口 2.34 万亿美元的商品和服务。 同年，出口 1.65 万亿美元的商品和服务。 作为一个净进口国，不一定是好还是坏。 一些经济体进口商品，是因为本地没有足够的生产。 一些经济体进口原材料，用来制造成品。 一些经济体购买低价值的产品，使得他们的工人可以专注于开发和生产高价值的产品。

同样，一个国家出口的商品不能完全代表其经济。 相反，问题是出口什么，以及为什么。 在日本制造远销各地的复杂的制成品的风险，与在沙特阿拉伯这样主要出口具有有限供应量的商品的经济中的风险，是非常不同的。 一些国家出口，因为相对他们的生产力，国内市场较小，有些国家部分出口，因为他们没有其他选择。 一个关键产品的出口国可能可以设置发票货币，但并非总是如此。

一个国家的贸易模式，会影响内部的体制结构，这反过来又影响经济的增长和变化。 日本是净出口国，拥有多元化的经济和富裕的、受过良好教育的劳动力。 但是，这并不是因为日本是一个出口国，而是由于能够适用于货物的能力，使得其出口。 许多拥有大农业出口经济的国家在一个具有集中的土地所有权，极端的收入不平等，和没有土地的农村低下阶层的准封建结构下运作。矿业往往导致大量的劳动力集中在一个较小的地理区域，如果这些工人举行自发罢工，就很有可能中断生产。

同样，国家的进口可能会受到供应中断，或者他们可能有必要拥有商业服务的整个行业以使贸易顺利进行。这些服务可以影响资本积累的轨迹，加强本地业务，并独立于政府和外国干涉。例如在美国，进口货物就是由大型的、复杂的金融服务业来融资。

在过去的60年左右时间里，商品和服务跨国界流动的增加的原因是多方面的。经过无数次的谈判，根据关贸总协定及其接任者WTO，贸易的关税壁垒曾多次被降低。完善的指挥、控制和通信技术，增加了管理的跨度，并允许经济活动在大空间范围内的协调。实际上，贸易可以随着地理空间缩小而增加。这就创建了新的产业，为技术、交通和通信创造新的投资机会。缩短贸易伙伴间实用空间的另一种方式就是跨国公司，它将运营分配在最具经济意义的国家，并将总部保持在稳定高效的地点。贸易的明显失衡，往往会掩盖一个强有力的内部经济和部分的外汇储备支持。

挂钩的货币

货币是衡量主权、一个俱乐部、一种身份的工具，还是衡量交换媒介的手段？这是许多小国在决定是否要保持自己的货币还是盯住另一种货币时面临的问题。但这种关系并不能保证一个国家将获益于美国的实力，很可能是离得更远。货币关系会产生自己的问题，因为政府可能不得不购买和出售储备，以维持它。这种药方很讨厌，就像泰国在1997年发现的那样，它当时再也无法筹集到足够的资金来支持泰铢盯住美元上涨。

多年来，一些国家未经允许就单方面地用自己的货币盯住美元，当然，美国联邦储备局决定货币政策时也不用考虑他们的利益。巴拿马甚至不印刷自己的货币，就使用美元。到目前为止，只有欧盟国家采用欧元（摩纳哥、马力诺和梵蒂冈城，他们依靠一种比欧元出现的更早的货币，被排除在欧盟之外。）

一些国家将他们的货币与另一种货币挂钩，以保持与主要贸易伙伴一致的步伐。在 2005 年 7 月，人民币对美元的挂钩放松了，但即便是现在，人民币仍旧受美元阴影影响，其日常运动仍相当有限。背离美元的移动每天不能超过 0.5%（这本身就代表了这个范围在 2007 年的扩大，从最初被宣布的 0.3% 的变动范围，挂钩汇率制度表面上是在 2005 年打破），这比像布雷顿森林体系一样的固定汇率制度所允许的波动更小。此外，有一些时期，如 2008 年 8 月，港元兑美元的波动超过人民币兑美元。

由于干预是储备的用途之一，挂钩的货币就不能有这样的用途。虽然中国的经济可能是方兴未艾，其货币与美元挂钩，其政府管理要与货币保持一致。如果让人民币浮动，许多观察家（包括显然很多美国国会和许多制造商）希望其增值，且主要是因为其贸易盈余。

然而，正如我们已经看到的，贸易平衡没有为货币运动提供真正可靠的指导。与传统想法相反，一些势力可能导致人民币贬值，如果官方试图采取浮动汇率。例如，如果货币可兑换，处于资本和经常账户的目的，外国企业会发现遣返在中国的累积盈利变得更容易。一些上游高端的专业人士会将新发现的财富转向海外市场来实现多元化，因为他们的同行也是这么做的。曾大量为中国货币下注，期待其升值的投机者，可能提取他们的资金并寻找新的游戏。如果人民币被放开，其他考虑因素也可能会影响人民币的运动，比如国际风险的状况，或相对资产市场的表现。

尽管他们在口头上信奉市场的力量，许多评论家只是希望人民币升值，他们更想要的是真正自由的市场。他们很可能会是一样的满足，如果中国的官员承诺以更强的水平将人民币重新挂钩。人们很容易忘记，美国和欧洲快速的经济增长和人们生活水平的提高，是建立在固定汇率制度下的。浮动汇率有不同的体制要求，但一些体制和能力，如金融体系的实力和贸易者与官员的市场知识，是必要的。

有一个经济，一直伴随着一个恰到好处的汇率，固然很好，但这将永远不会发生。它也不是可取的。由于技术或政治变化的中断，往往可以使大多数人更好。危机创造变革的激励。危机可能是一个冲击，或是一个重大的意料之外的改变，如战争破坏石油供应或高于想象的次级抵押贷款拖欠率。或者也可以来自压力，改变或改革的推进并不出人意料，但却使一切变得不同。这种压力可能来自政府政策限制碳排放量的变化或经济衰退，使所有消费者，甚至那些信用很好的人，减少借贷。

冰岛的英雄传奇

冰岛 2008 年的金融危机远远超出了货币危机，即使它是泰国 1997 年货币体系崩溃以来最大的货币危机。冰岛从一个时髦的度假胜地和高利率的银行账户经销商，变成了被列入英国的恐怖国家名单。通货膨胀又将人们推回到了一个多世纪以前更贫穷状况下的威力。

问题不在于金融体系是太大而不能倒闭，但冰岛银行的资产负债表太大，以至于政府很难摆脱困境。其他国家不得不一致，阻止冰岛的损失。2007 年年底，冰岛的三大贷款银行，Kaupthing，Landsbanki，和 Glitnir 的贷款价值 1 260 亿美元左右，这是该国国内生产总值的 9 倍。（冰岛的人口只有 30 万）这限制政府的反应能力。冰岛经济开始看起来像一个对冲基金的投资组合，资产投机远远超出了其国界。

跨越全球的银行存款和贷款，使得当地的危机迅速转变成主要的国际危机。Icesave 和 Landsbanki 的一个分支机构，从英国和荷兰消费者的存款中收集了约 40 亿英镑。Kaupthing 银行与一些英国最大企业家和 150 万英国人有着活跃的贷款业务。英国政府试图介入，以尽量减少部分问题以支持英国银行；全球长链中第一家失败的银行是诺森罗克银行，一家英国的机构，时间是 2007 年 9 月。英国财政大臣艾里斯特·达林，举办了纳税人资助英国银行的资本结构调整，以帮助缓解紧张的公民关系。然后，他和英国政府根据 2001 年的"打击恐怖主义国家法"，冻结了冰岛在英国的所有资产，狡辩称该国的金融体系完整性受到威胁。

100

当银行面对问题时，他们从储蓄者、投资者或政府筹集资本。2008 年 10 月底，冰岛政府将基准利率提高到 18%，以帮助吸引外国投资者和加强瑞典克朗。否则，对于一个严重依赖对外贸易的国家，几乎所有商品将变得过于昂贵。即使利率上升带来了流动资金，冰岛仍旧面临严重的经济问题。

如果冰岛采用欧元，这将牺牲货币政策独立性。它就会失去其储备和资源管理的能力，无法保持其汇率适应经济需要。短期货币贬值带来的企业竞争优势，是被否决的，因为这可能给真正的经济和生活水平带来更大压力。另一方面，货币政策独立性未必是所有需要解决的问题。在冰岛的案例中，结果是彻底的崩溃，甚至直到所有有关该国银行的消息传出后，克朗随变幻莫测的市场波动（克朗挂钩会有帮助是不可能的，它可能使情况变得更糟，迫使冰岛政府花费储备，以撑起货币）。问题是一个小国的官方想让谁来设置其货币的价格，欧洲中央银行，联邦储备银行，还是客观投机性的市场力量。

直到银行倒闭，冰岛总理盖尔·哈尔德宣布，请大家放心冰岛是好的，市场错了，而克朗的压力来自"无良的经销商"。这并不奇怪，货币危机的一个共同特点是归咎于炒家的价格行动。在 1992 年，当法国和德国正试图维持法国法郎的价值时，法国财长米歇尔·萨潘表示，"法国大革命时期，这样的炒家被称为 agioteurs，他们被斩首。"匿名的瑞士银行家，所谓的侏儒苏黎世，是 20 世纪 60 年代和 70 年代的罪犯。索罗斯是 1997 年亚洲金融危机的恶巫，而津巴布韦政府指责西方政府的制裁导致 2008 年的恶性通货膨胀。

冰岛的挣扎，揭示了欧元的国际作用。欧洲央行已深深卷入了这场危机，但它不想承担冰岛的义务，或在标准不符合下允许其进入欧元区。虽然许多市场观察家谈到，欧元貌似走到了要取代美元成为储备资产和世界计价工具的边缘，欧盟官员尤其是欧洲央行并不会为此而紧张。在欧洲范围内管理货币转换的挑战，以及管理日益增长和多样化的经济和政治区域的挑战，将在未来几年内，一直围绕着欧洲官员们。

在信贷危机期间，货币联盟内的裂缝变得更加明显，尽管米尔顿·弗里德曼关于货币联盟将无法存活于第一次经济衰退的论断，很可能会被证明是过于悲观的。 尽管如此，仍然需要进行制度变化。 例如，欧洲央行可能会制定新的政策工具，以便更好地应对金融危机。 不过，货币联盟至少会有一个潜在的裂缝，并不能通过危机得到解决。 传统上，一些国家参与欧洲经济与货币联盟，如意大利和希腊，但其他人也会相对德国马克来说低估自己的货币，以恢复在通胀中失去的竞争力，或是单位劳动成本的相对增加。 这条路现在是封闭的。 这似乎给各国政府施加更大压力，以采取更具竞争力的政策。 但是，政治势力的运势可能一直与这种改革相悖，导致竞争力的持续亏损。 随着时间的推移，这可能会改变参加欧洲经济与货币联盟的成本效益分析。

事实是美元和以往一样重要

在一个不稳定的世界，资本就会流向的都是比较稳定和可以吸收流入的地方。 看美国的经常账户赤字，很容易假定美国是不稳定的，但这忽略了美国的经济实力和灵活性。 尽管美国经济在 2008 年遇到各种问题，它仍然是一个相对稳定的国家。 经济转型为追求安全的国家债券创造出更多储备。 美国能够也愿意吸收世界上的过剩资本。

当全球金融市场在 2008 年 9 月和 10 月衰弱，美元却升值，尽管美国市场是问题的一部分。 在 8 月底，贸易加权美元指数是 98.35。 截至 10 月底，该指数已经升值到 110.37。 当几乎所有资产价值下降，世界经济似乎摇摇欲坠时，美元看起来像一个安全的避风港。

除了美国资本市场的力量，美元在全球普及的原因之一是，美国是一个金融创新的领导者。 这是一个国家的绝对优势。 这意味着可以为国际投资者的利益创建新类型的政府证券，如财政部的通胀保护证券（TIPS）。 国家财政有政治运费。 进一步涉入中东国家，那些已经对美元产生依赖并为了自己的客户群和国防而依靠美国的国家，对美国是有益的。 做到这一点的方法之一是创造新的、符合伊斯兰教义的证券。 这是美国行使其领导地位，并利用其软实力显示其威力的千载难逢的机会。

持续的经常账户赤字，欧元的问世，美国外交政策的评论，或任何所谓的威胁基本上没有影响美元作为储备货币，作为发票货币，及作为商品价格和国民账户的计价货币的地位。 因此，有充分的理由期望，震中在美国的信贷危机不会废黜美元。 美国的属性，其大规模而灵活的、具有深度和广度的经济，以及安全的国债市场，随着危机的加重而更加受到赞赏。 尽管它看起来可能有悖常理，美国和美元可能摆脱危机，并会变得比以前更强。

第七章
第七个误区：全球化摧毁美国产业

仔细看看美国商业的渐进扩张策略：这些年来，到底是什么在运往海外？

为了充分理解美国扩张性政策的重要性，我们必须观察它的起源。有些历史学家追溯到美国对外经济政策的门罗主义时期，它承诺，只要欧洲没有在美洲建立新的殖民地，美国就不能插手欧洲内部的事务。美国不能强有力地执行这份文件中的要求，并且美国很大程度上依赖于英国对于势均力敌策略的投入。然而，门罗主义反映了将全世界划分成不同势力范围涵盖的几个半球的这种外交事务的传统执行方式。直到 19 世纪末和 20 世纪初，美国才明确表示了另一种对未来的愿景和战略。

美国的战略始于由美国国务卿约翰·海制定的门户开放政策，并发送给了当时的其他主要权力国家（如法国、德国、意大利、日本、俄罗斯以及英国）。在 1898 年发生的美西（美国和西班牙）战争中，美国获得了它的第一个也是唯一的一块殖民地，菲律宾。这（以及其他一系列在太平洋中获得的更小的岛屿）让美国有能力部署经济和政治势力到中国，那个吸引了不止一代美国知识分子、商人和政治家的美好想象的地方。 蒸汽船只需要装煤港口网络，并使得货物和人的运输成为可能。

然而，美国的起步已经晚了。 英国、法国、德国、葡萄牙和日本已经踏入中国，并且已经在忙着把这个国家划分成不同的区块——也就是势力范围——使得各个国家可以控制。 海权衡研究了美国面临的不同选择，包括挑战其他国家的势力范围，或者是努力争取自己的地盘。除了这些更为传统的方式之外，海提出了一些更有改革创造性的方式：也就是美国去挑战整个传统的势力范围并划分外交模式。 不同的势力范围划分是十分可悲的、不稳定的，这是因为各个国家会参与战争来扩大他们的势力范围。 海提出了不同的市场经济份额模式来做固定势力范围的后备选项。 这些份额会根据一个国家的经济实力变化，而不是依赖于政治特权或者是军事力量。 这意味着美国将会有能力与所有中国的商业进行竞争。 这样一来，反过来也使得中国的领土和管辖权利完整性迫切需要得到保护，这一点是美国极力支持的。

就好像是这个小区来了一个新小孩，并且随之而来的是他要求的新规则。 门户开放政策则将美国的砝码全部放在了当时的反皇权主义者那边。 皇权主义是与一百年后美国国防部秘书长唐纳德·罗斯福的名誉和"古老的欧洲"相联系。 海的策略基本上是涵盖到全球范围的，尽管导致它成型的特定事件是与中国进行的交易。 它本质上是与经济增长和发展成比例的，并且它与第三章中探讨的查尔斯·科南特的论证完美地契合。

海为一个势力上与日俱增并且在经济上有竞争力的经济体制定了一个战略方针，这对于全世界来说也是好的。 在 20 世纪前叶突然爆发的大火的灰烬之中诞生了全球范围内，门户开放政策的制度化过程：世界银行、国际货币基金会、GATT（全称是关税及贸易总协定，世界贸易组织的前身）还有联合国。 这些第二次世界大战之后建立起来的机构使得一种促进贸易和资本流动、矛盾冲突和平解决以及被认为会给发展和增长提供温床的财政和货币政策的全球化过程成为可能。

现代美国政府有的时候会追求一些与门户开放政策背道而驰的政治决策。 多国机构要求的政策经常看起来会加重它们原本被设计成去强调的情况。 然而，海预期中的那种全球化从大体上来说已经成型了，并且在世界上的各个不同部分的成功程度都是不同的。 商品和服务方面的贸易要比世界增长快得多得多。 跨边境资本流动比贸易增长得还要快。 总的来说，关税和贸易壁垒下调了；现在世界贸易组织在向其他方面推广，例如农业和服务，这些方面倾向于有着更多的争议。

在冷战期间，苏维埃联盟和它的势力范围并没有被整合到门户开放的世界中去。 中国也没有，中东地区也不在这个群体中。 很多其他低收入国家也被排除在外。 随着时间的推移，大多数国家加入了关税及贸易总协定和世界贸易组织，实际上相当于承认它们在门户开放政策范围内。 中国在 2001 年较晚的时候也加入了世界贸易组织，这帮助了门户开放的世界将会在可怕的美国 9・11 恐怖主义袭击之后仍能复苏过来。 在各种强大的或者是不那么强大的权力之中，俄罗斯仍然维持着引人注目的缺席状态。 它完成了所有加入世界贸易组织需要的双边协议，除了与乔治亚的之外。 而即使在 2008 年 8 月俄罗斯入侵之前，乔治亚就拒绝与其合作。

全球化

如果企业想要保持在一个有竞争力并有盈利的状态，他们将会试图降低成本和开销。 企业通常会认为，相较于资本成本或者原材料成本，他们对于人力成本会有更强的控制力。 商人们和阶级斗士会同意这一点：要想变得越来越有竞争力，一个人需要从每单位已购买的原料投入，包括工人中得到更多产出。 在很多情况下，人们被机器所取代。 微软的办公系统取代了秘书们；自动取款机代替了银行的柜台出纳。

已经占有印度市场份额的苏格兰纺织工人们将他们的市场输给了在新西兰工厂工作的美国人们。 新西兰磨坊工人们的工作机会流失到了美国南部的工人们手中。 然后编织业来到了墨西哥，接着就波及到了中国，并且一直在寻找更便宜的地方。 仅仅就纺织产业而言，美国看起来是完全没有竞争力的，这方面它应该向全世界称臣。

107

很多从新西兰转移到北卡罗来纳、再到新拉雷多、之后到南通市的科学技术都是起步于美国的。 如果你走进中国的纺织厂，你很有可能看到美国的机械设备。 如果你在这个城市中溜达一圈，你会看到人们穿着耐克，听着 iPod，准备到麦当劳去。 如果你走进一个超市，你可以买到可口可乐、飘柔洗发水和泰诺的药。 现在的公司们都在他们的法人生活的早期就开始寻求国际市场；这些企业，例如戴尔和谷歌都被全球化定义了，就如同他们也定义了全球化一样。

在世界上的很多地方，全球化意味着美国化，并且全球化是值得畏惧的：它被视为终极恶魔，是传统道德习俗的沦丧腐化器、是本地企业和文化的摧毁者。 在蒙特利尔、孟买的街道上行走，我们很难说美国的影响在减小。 尽管，这些大品牌的成功是从他们进入其他国家的市场的时候，是从融合的角度出发而不是给当地的口味与偏好强加上美国标准：可口可乐在某些市场中比在其他地方的要甜，而日本的麦当劳提供鱼类三明治做早餐，菲律宾的麦当劳提供香蕉番茄酱。 政治科学家大卫·贝克和理查德·斯克拉将这些实践称为"后帝国主义"。 他们认为很多跨国公司发现顺应当地市民的要求是对他们有利的。

与早期的帝国主义支持者不同，门户开放政策和后帝国主义的倡导者知道，这种将贸易关系看成是一次短期冲刺的观念是目光短浅的。它是一个马拉松式的过程；企业必须对他们的顾客和消费者了如指掌。正如一个敏锐的生意人了解的那样，保留住一个现有的客人比争取一个新顾客要容易得多，成本也相对要低得多。 这要求文化上的清醒，和对于各个市场的需求的认知，而这两点必须通过在一个地方花时间并与当地顾客和雇员共事才能达到。

玻璃杯本身存在一定问题

对于持续存在的美国贸易赤字的现象有很多种解释。 有些人认为，美国从世界中购买的比它卖出的要更多，因为美国公司在成长过程中变得相对没有那么有竞争力。 其他人则把责任都归咎到贸易限制和其他国家的劳动力政策上，因为它们使美国的出口货物竞争力下降，或者是给进口货物很大的优势。 问题不在于将这个玻璃杯看成一半是满的，或者一半是空的，而在于这个玻璃杯子本身存在着一定的问题。贸易平衡本身已经不再是对于美国的国际销售情况和竞争力的可靠记分卡。 给定一个机会，美国公司会偏好通过他们的海外子公司将商品或者服务卖出到另一个国家，而不是从美国出口。 2005 年，也就是数据可用的最近一年，美国的海外子公司销售顶峰达到了令人惊诧的 4.2 万亿美元，而美国的出口额——普遍的但是衡量美国销售额的虚假的尺码——仅仅只有 1.3 万亿美元。 通过这种外事关系销售额达到了出口额的四倍。 美国公司在世界市场中的竞争情况，换句话说，远远超过了贸易情况。

美国公司对在全球留下国际化印记的兴趣远远超过寻找出口市场。世界上最大的非金融交易组织，也就是总部设在美国的通用电气公司，有着 4 423 亿美元的海外资产，这部分占了总资产的 63.4%，而这些销售额是通过 785 个外国子公司的运作达到的。 这不足为奇，通用电气并不是一个很强的出口方；它在世界各地生产它的产品，这样一来它就不需要运输货物了。 十个世界上最大的非金融跨国公司中的四个——通用电气、埃克森美孚国际公司、福特汽车公司以及沃尔玛超市——都是美国公司。 这十个公司中其中有三个的总部设于英国（英国石油、壳牌集团和沃达丰集团），两个在法国（道达尔公司、法国电力公司），以及一个在日本（丰田汽车公司）。

贸易仍然错误地担任着衡量全球竞争力的标准指标。 更令人担忧的是，它是塑造美国国际经济政策的最重要因素。 在疲软的经济状况和上升的失业率中，对于贸易赤字过度的关注可能会在华盛顿燃起新一轮贸易保护政策，这可能会给全世界都带来相似的回应。

这是与足迹相关的

美国在门户开放政策之下的扩张策略主要的特性之一就是，在当地生产并在当地销售。 举例来说，这解释了为什么福特汽车公司和通用汽车公司长期以来在欧洲拥有自己的子公司，并且最近进入了像巴西和中国这样的新兴市场。 这个原理同样是戴尔电脑在欧洲和拉丁美洲的直接投资立场的内在机制， 就如同思科公司和微软在中国一样。 服务的全球化也见证了大范围的美国服务型公司的子公司的飞速扩张， 涉及到的行业有很多， 例如金融业、文化交流传播业、物流、软件开发等， 创造了由一个外国公司的子公司构成的网络。

美国公司在全世界通过贸易和外国直接投资这两个渠道参与竞争。他们面对多种多样的市场机遇、不断的技术进步、模糊的产业界限以及无情的全球竞争。 在全世界的市场中， 做一个局内人的重要性与日俱增。 除非一个公司在当地， 否则它经常会输给其他竞争者。 这也是直接投资策略的另一个好处。

在 2007 年，美国与中国有着 2 562 亿美元的贸易赤字。 隶属于外国企业的公司几乎构成了中国的制造出口额的一半。 2007 年，美国的私人投资者在对中国已有的价值 2.1 万亿美元的外国直接投资的基础之上又追加了 2 328 亿美元的投资，这让美国也顺便成为了这个飞速增长的国家中最大的独立国际投资者。

与人们的普遍认知相反，不同地方的外国消费者的需求是千差万别的，这要求例如宝洁、吉列和可口可乐这样的公司与他们的消费者尽可能的接近。 举例来说，中国的文化、方言特别是生活水平要求都有极大的差别，这要求美国公司的产品适应当地人的口味。 不然的话，中国消费者将会从一个愿意给他们提供他们想要的产品的欧洲或者日本竞争者那里购买产品。 中国消费者，不管是在购买软饮料、电脑或者汽车等方面都是十分看重品牌的。 在当地的存在性对于建立品牌认知度是至关重要的，而品牌认知度又是在中国市场中获得成功的必要条件。

对于国际市场份额的激烈竞争驱使着美国公司去靠近他们的外国竞争者。 如果不是这样的话，宝洁公司又如何能在中国市场中成功地与日本宿敌花王公司抗衡呢？ 沃尔玛不能让它的国际竞争者也就是法国的家乐福不受任何争议的进入像巴西和日本这样的关键市场。 对于这些公司中的全体员工来说最成问题的是新消费者、新资源，以及新机遇——进而是长期的成功——以及他们在扩张的世界经济中变化的份额。

110

全世界的重量级人物

美利坚公司有着约两万三千家母公司、以及被多数股权或者少数股权拥有的子公司，这些子公司按策略分布在全球各个角落。 这些子公司加起来排在世界最大的经济生产者之列，2006 年的总销售额飙高到8.3 万亿美元——这超过了大多数国家的国民生产总值，包括中国、日本和韩国三个国家加起来所能达到的。 大多数美国在海外的子公司的战略目标是生产并运送自己的商品和服务到主市场中去。 2006 年，近乎一半的子公司销售额是其所在的国的消费者。 但美国跨国公司逐步开始在不同国家开辟不同生产阶段的产业，他们的子公司也成为了他们的贸易范围内世界级的商品和零件半成品的出口国。 也有一小部分最后回到了美国。

评论家们经常宣称，美国的跨国公司从他们的海外子公司出口更便宜的产品到美国，从而导致美国进口账单的增加，同时破坏了美国的工作和收入。 但是事实上，大多数美国子公司的出口并不是回到美国的，而且大部分子公司的出口额并不是来自于低工资国家（如巴西、中国或者是印度）。

相反，子公司出口总额的近四分之三来自于高工资的工业化国家，如加拿大、英国和德国。 美国的分公司也位于世界顶级雇主之列，2006 年雇用的总人数共超过 950 万，具有比大多数国家更大规模的全球性劳动力。 大多数美国人认为，这种劳动力中的大部分在发展中国家极端恶劣和不公平的条件下辛勤劳作。 但事实上，美国公司的全球化员工大部分集中在高工资的发达国家中。 在国外工作的员工人数最多的是英国（120 万），几乎一半的跨国公司员工（410 万）是在欧洲。 仅仅 15.85 万名美国跨国公司职员在工资最低的地区，如非洲，并且其中大部分是在相对富裕的南非共和国。 即使是在北美，更多的美国跨国公司倾向于在加拿大招募相较于墨西哥更多的员工（110万），而在墨西哥他们只有 88.98 万名工人。 同样是这些公司，在美国雇用了 21.9 万名工人在美国，5.3 万美国人效力于外国跨国公司在美国的分公司。

111

地理位置，地理位置，地理位置

美国子公司的销售总额不仅仅极大程度上超过了美国的出口，它们也在全球不均等地分布着。 在第二次世界大战结束之后，美国的外国直接投资水平飞速上涨。 欧洲，特别是英国，成为美国跨国公司最喜欢的驻点。 在 2007 年，美国公司在全世界投资了 3 138 亿美元；最大的份额是由欧盟掌控的。 给定美元的相对弱势，那一年很多外国公司在美国投资，但是总数额只有 2 328 亿美元，比美国投资者送出去的要少。

第二次世界大战之后的那段时间为美国公司的直接投资策略提供了强有力的推动力。 美国相对富裕，这会故意给欧洲和日本一个重建的机会。 带有歧视色彩的贸易措施也是能被容忍的。 当欧洲从战争的残暴蹂躏中痊愈并逐渐向创造一个公共市场转变的时候，美国公司抓住了这个提供了和平和经济稳定性的新贸易良机。 在 20 世纪 60 年代，欧洲构成了几乎 40% 的美国总外汇直接投资，这导致对美国入侵的普遍关注的产生。 在接下来的十年中，向欧洲倾斜的趋势变得越来越明显：该地区构成了美国对外直接投资总额的几乎一半，这很大程度上牺牲了拉丁美洲和加拿大。 与此同时，在 20 世纪 70 年代，亚洲仍然位列于美国跨国公司最不喜欢的驻点之列。

20 世纪 80 年代的上半叶被证明是美国跨国公司的艰难时期。 由于 1979 年的石油危机，世界经济被围困在了衰退萧条中。 在达到 1980 年 130 亿美元的战后巅峰之后，美国在欧洲的直接投资跌到 1982 年之后的 35 亿美元的谷底。 在 1981 年到 1982 年间，因为加拿大对政策的严格的限制，例如促使了美国公司在他们政治性的石油和采矿等行业卖出他们现有财产的自然能源项目，导致对加拿大的投资流达到了负值。与此同时，拉丁美洲的债务危机和后续的经济衰退使得美国在当地的跨国公司参与率急剧下降。

在整个太平洋地区，可以存在着"亚洲奇迹"，相较于债务缠身的拉丁美洲，加拿大的贸易保护主义者以及萎靡不振的欧洲，这个奇迹激发了在美国的公司们对于亚洲的更友善的看法。 于是，在 20 世纪 80

年代，美国在亚洲的累积直接投资相较于前十年来说增长了71.5%，远远超过了欧洲（64%）、拉丁美洲（37%）和加拿大（负13.2%）的发展步伐。 更令人印象深刻的仍然是美国对于亚洲发展中国家投资的激增，从20世纪70年代的61亿上升到1980 - 1989年间的140亿美元。 然而，这个地区还是只吸引了20世纪80年代美国总流出额的8.1%，这比投资到倾向于有更多问题的拉丁美洲的总额的一半都要少。

尽管20世纪80年代对美国跨国公司来说是一个十分萎靡不振的投资气候，这十年命中注定地在一个与众不同的基调中结束。 事实上，20世纪80年代末以及进入20世纪90年代时的全球投资背景是近乎完美的。 很多外在作用力，无论是周期上或者是结构上，都在向生产全球外国直接投资的最强有力的繁荣之一集中，这一趋势是由美国公司引领的。 电信和运输方面的成本下降使得美国公司能够拓宽自己企业的地理分布范围。 冷战时代末期为美国公司打开了一个新的市场，就像类似北美自由贸易协定、中美洲自由贸易协定，以及欧盟（EU）这样的共同市场区域化贸易团体的扩散。 此外，全世界的低利率和上升的股票价格给全球的并购活动带来了大量的现金。

20世纪90年代所有的这些发展都汇聚到一点，这样的情况引发了历史上美国对外直接投资最生机勃勃的发展。 仅仅在这一个十年，美国公司在海外投资了更多资本——8 020亿美元——相较于他们前40年投资的总和来说都要更多。 但是美国公司在地理上的偏好并没有变化，尽管在四处都充斥着对欧洲中部新市场、印度的经济改革、巴西的私有化以及中国大陆的自由化的大肆宣传。 发达国家——很大程度上——仍然是美国直接投资的最大接受者。

随着世纪转轮的旋转，美国的外汇直接投资随着美元价值的降低逐渐变弱。 外国公司到这里来投资比美国公司到海外投资要便宜得多。然而在2006年，美国企业的海外投资数额达到了1 532亿美元，比2005年1 301亿美元的投资额还要增长了17.8%。 更有甚者，美元贬值的现象帮助美国公司从过去几十年所进行的投资中获取了很大的利润。

113

驱动美国跨国公司的全球战略的动机有很多，而降低工资账单似乎是靠近这个清单的底部的。 更重要的是与富裕消费者的亲近程度，以及熟练工人和科学技术的可获得性。 这些优势是发达国家有的，而在2006年，它们占据了美国总外汇直接投资的三分之二。 欧洲仍然是最受欢迎的驻点，在欧洲的投资占据了价值1 532亿美元的总投资的41.6%。 加拿大代表了另外的17.7%，吸引的投资几乎是当年美国在墨西哥投资的五倍。 与此同时，2006年亚洲占据的美国投资的总份额为19%，比加拿大多不了很多。 即使是在亚太地区，最受美国跨国公司欢迎的地方是日本，这个置身于全球消费最高的国家之列的国度。

这个范围的另一端在印度。 尽管它经常被看作是亚洲最有发展前途的新兴市场。 印度有着大量廉价劳动力，在2006年印度只吸引了10亿美元的外汇投资，这个数额也是在亚洲的投资中较小的几个数额之一。 在印度，一美元相较在英国的情况中可以流通更久，但是美国企业仍然认为在高工资市场中有着更好的机会。 如果工资方面的考虑是直接投资的主要驱动力，那么理所应当地，在撒哈拉以南非洲和孟加拉国这样的地方就会有更多跨国公司存在的迹象（和发展）。

拓宽视野

在跨国公司经历着他们有史以来年景最好的十年，全世界的发展中国家正遭受着一连串的经济危机。 在1995年，墨西哥沦为了货币崩溃的受害者。 到了1997年中期，就轮到亚洲了。 俄罗斯也在下一年被卷了进来，不久之后就轮到了巴西。 每一个这样带来外伤的事件给华尔街带来一片混乱，因为人们都会用贸易链接作为判定标准来衡量这些事件给美国带来的总损害。

随着亚洲金融危机的到来，关于美国和亚洲之间的贸易链接的慌乱庞杂的关注也是可以理解的。 在排名前15的美国的世界出口市场中，有7个是位于亚洲的。 在这次危机之前一年，这个地区占据了近三分之一的美国出口额，比欧洲的出口份额（22.4%）和拉丁美洲的（17.8%）要显著地高出许多。 如果用贸易作为关键变量，那么亚洲在美国的等式中将会有一个很大的系数。 但是贸易链接的作用只占了一半——如果有一半的话。 从子公司销售额的角度来看，亚洲的崩溃是会带来很严重的影响的，但是这种影响对于美国经济很难说是致命的，如果发展中的亚洲仅仅只占美国子公司销售总额的 10% 。 （信贷危机，与此相反，几乎全是由资本流通中的问题驱动的。 受影响最严重的国家，也就是冰岛，是被自己的投资承诺伤害的，而不是贸易因素。）

关于美国出口的肤浅看法误解了美国国际竞争力的真实前景，如果单一地聚焦在进口上也会这样。 很多外国国家在美国的竞争方式与美国公司在海外的竞争方式一样——通过子公司销售而不是出口。 尽管美国公司更早采用了外汇直接投资策略，并且实行手段比相对应的外国公司要更强硬，然而很多日本和欧洲公司也开始偏好将子公司销售作为它们开拓外国市场的主要途径，而非通过出口。 最显著的是，宝马、本田和丰田汽车公司都选择在美国生产汽车，而不是从德国或者日本把成品汽车运输过去，这扭曲了美国汽车制造商面临的竞争力问题。 贸易壁垒没有能力保护底特律三大汽车公司，而日本公司也不需要自己公司出津贴来在这里竞争。

对于很多跨国公司（路透社、荷兰皇家阿霍德集团和英国石油公司）来说，全球化的解决方案是开垦出数以十亿计的美元到美国，这个全世界增长最快并且是拥有科技上的领军人物的国家。 公司不能承担忽略了美国富裕的消费者和有创新力的工人可能带来的经济损失。 事实上，2007 年，外国跨国公司注入美国经济的资金总额为 2 378 亿美元；其中的 1 449 亿美元来自于总部在欧洲的公司，而其中的 1 081 亿美元进入到了生产制造业。

在 2005 年，美国进口的商品和服务总价值达到了 2 万亿美元。 然而，虽然这个数字十分惊人，但是它相较于同年由外国公司所有的在美国子公司的销售额 3.4 万亿美元来说还算是少的。 在出口上的固定忽略了在美国大量存在的外资子公司，上一次的计数结果显示已经有超过 9 700 个这样的分公司存在了。 它还忽视了一个事实，也就是在 2006 年，这样的子公司贡献了近乎 2.8 万亿美元的销售额，并且雇用了超过 530 万的美国人。 企业想要在这里，因为他们想要能进入丰裕充实的美国市场、想要获得熟练的美国劳动力。 更何况，在这里他们的销售额就与汇率的波动带来的影响绝缘。 一个外国公司越能用当地生产的产品解决美国的需求，那么进口的量就会越低，这也可能会降低贸易赤字。 美国的工作机会可能会被创造出来，科技，包括做生意的方式，都会逐渐转型。 在俄亥俄州生产的本田在贸易会计记录的时候是被看成在国内生产的汽车。 汽车和工作留在这里，利润由日本收获，尽管有一部分被保留在美国境内。

在贸易之上

外汇直接投资改变了国际经济的表象。 从20世纪70年代早期开始，外汇直接投资的增长速率就高于世界总产出和全球贸易，对于发展中经济体来说，它是资本的最重要来源。 但是美国的外汇经济政策仍然以投资为代价，以贸易为中心。 举例来说，与欧盟之间关于牛肉和香蕉的贸易争端会让美国面临失去在欧洲的大量投资的风险。 包括国会中一些人利用美元贬值来推动美国出口的提议，这只会让美国分公司在国外做生意的成本更高，同时让外国公司以更低的价格收购美国资产。 因此，想要改善贸易平衡账目的一些尝试可能实际上会伤害到FDI（外汇直接投资）平衡账目。

如果华盛顿持续在世界经济中将贸易放在首位的话，美国公司将会面临失去全球市场中最好机会的代价。 美国与中国之间的双边贸易赤字是引发很多美国人焦虑的导火索，即使是真实的、更全面渗透中国市场的美国公司也将会有可能是通过直接投资和子公司销售达到对市场的把握的。 这种趋势只会按对外汇直接投资有利的方式增长。 然而，对于贸易持续的定额控制会将注意力从这些更有前途的投资机会中转移到发展最快的国家去。

美国跨国公司的发展策略越来越多地被总部设在其他地方的公司采纳。 说这些策略是具有发展性的，因为它对在全球政治经济环境中发生的变化做出了反应。 在当地生产并出售，且自然地从货币价值的瞬息万变的动荡中提供绝缘的方式，这描述了现代宏观经济并纠正了以出口为导向的策略。 相比于公司作为出口者时的情况，直接投资允许公司和他们的消费者距离更近。

从一个进行投资的国家的角度来看，直接投资通常比进口要更好。投资产生工作机会，在很多情况下，那些工作在进行投资的国家提供给雇员的工资比其他工作要高。 这导致了技术转移。 直接投资也可能产生被经济学家们称为正外部性效应的出现——并不是故意为之，但确实是一个活动的副产品，在这种情况下，例如在一群熟练工人中的少数国际贸易专家之后就会被国内企业雇用。

与购买债券和股票相比，直接投资是对投资国的更长期的承诺的象征。 在国内经济之中，流入要更容易控制一些；直接投资并不会像股票市场投资那样引发由不可避免热钱的流出与流入带来的扭曲现象。

雇用和产出

美国经济的主要转型与美元价值的波动或国际贸易协定的状态没有什么关系。 相反，一个主要的推动力是科技发展，还有一种特别的形式（节约劳动力的同时节约资本）。 美国制造部门为我们阐释了这个现象背后的含义与机制。 即使在刚雇用更少的人的时候，这仍然是超过整个中国经济体的。

但是美国人有他们自己的疑惑：我们的工作机会被运送到了海外，被那些没有为任何事情工作的人偷走，而我们的制造产出下降到一个较小的部分，回到了原来的水平。 而现实是不同的。 在 1939 年到 2007 年之间，制造业的雇用水平在私有部门总的工作生产力中所占的百分比下降了（如图 7.1 所示）。 除了在第二次世界大战期间的一个异常点之外，工厂中工人所占的百分比按一个稳定速率下降了，尽管制造业员工的绝对数量并没有像大家认为的那样大幅度下降。 在 2008 年底，1 310 万人从事制造业相关工作。 这相对于 1978 年的最高峰 1 930 万要低，在 1978 年有 7 280 万美国人在私有部门工作。 在 2008 年，1.135 亿人被私营企业雇用，这已经完全可以抵消制造业工作机会下降带来的影响并还有一定正影响了。

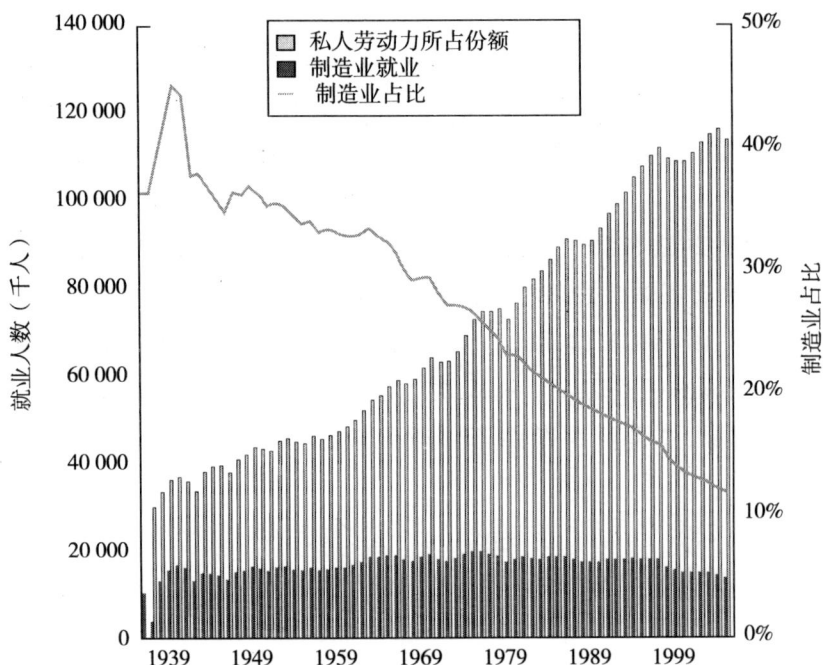

图 7.1　美国制造业就业人数 1939 – 2008

来源：美国制造业比重数据经济分析局

　　尽管总的来说，制造业的就业数量在最近七十年相对于经济下降了，制造业的总产出却没有下降，这要感谢美国工人生产力戏剧化的提升。　在 1987 到 2006 年间，制造业在国民生产总值中所占的比例从 27.5% 下降到了 19.9%（如图 7.2 中所示）。　在同一段时期，生产制造业的就业情况从私人劳动力的 19.7% 下降到了 11.9%，以比总产出更快的速率下降。

　　另一个看待这个同样的数据的方法是注意美国的非生产制造业的劳动力比非生产制造业产出的增长步伐要快。　这不仅仅对于美国经济有着启发意义，同时也对于美国的贸易方式有着指导意义。

　　然而，从服务出口中可以获得的生产力可能是有限的；很多收益是以较低的工资率、24 小时的工作（以一种轮轴转的方式工作，即一个时区内的工人在工作，而其他地方的同事在休息），或者是通过开发新

118

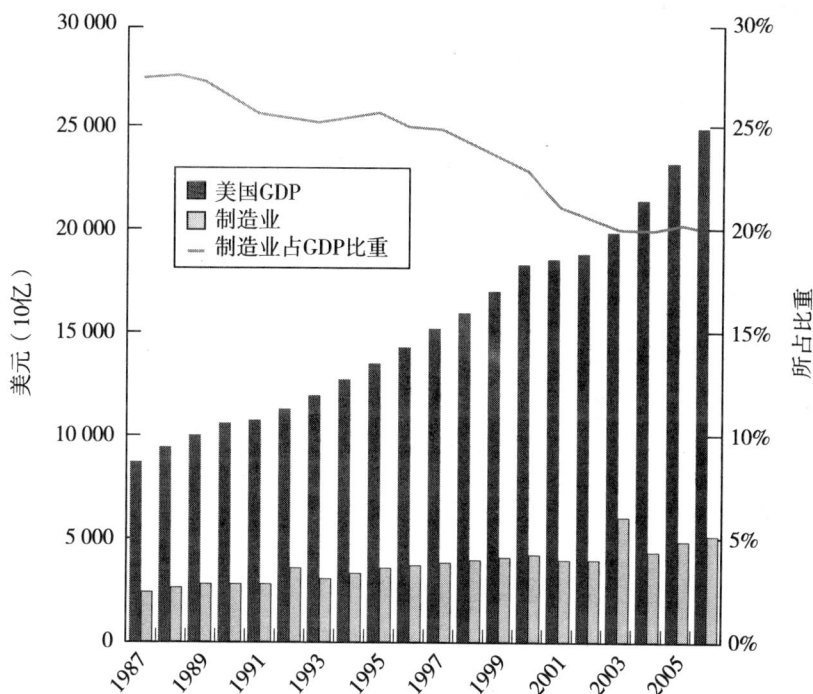

图 7.2　制造业对 GDP 贡献

来源：美国制造业比重数据经济分析局

市场和新工作方式这样的形式来实现的。 但是我们也要看看人们所不能得到的：每小时产出的大幅度增长。 因为现在大家知道的，由于现在被称作鲍莫病的现象，服务行业的工人并不像其他行业的工作人员那样享有同样的生产力对应收益。 生产厂房设计中的变化允许一个工人在一个小时之内生产比原先多五倍的小器械，从而提高了生产力。 一个新的电脑系统让一个银行将自己的部门拓展到原来的两倍，功能更全面，从而提高了生产力。 但是如果一个一年级老师从一个班带 20 个学生增加到 100 个学生，她的生产力增加了吗？ 显然没有。

全世界的资本资产

美国财政部报告：在 2008 年 6 月，外国私人投资者包括银行卖出了价值将近 1 390 亿美元的美国证券。 在同一个月，国外的央行购买了主要由美国国家债券和代理债券构成的价值 1 120 亿美元的证券。在 6 月前后的 3 个月内，私有投资者和银行购买了价值约 1 322 亿美元的证券，而中央银行购买了 307 亿美元的。 国外的央行和私有投资者每个月都会购进、卖出美国证券。 讽刺的是，最变化无常的投资者是美国人自己，特别是那些坐落在税务负担避难所的加勒比海的美国对冲基金公司们。 他们更倾向于为着一些投资性的或短期的目的利用这些证券进行交易，而不是打算持有这些证券直到他们到期。 更何况，外国投资者，无论是集体的，还是私人的，都不是出于利他主义精神（慷慨）才将他们的积蓄投资到美国。 他们这样做是由于一些保守的原因：钱和安全。 即使是在信贷危机期间，美国资本市场的深度、广度和透明度也是无可匹敌的。

尽管欧洲银行家和一些美国的评论家希望欧元的到来会让欧洲资本市场与美国资本市场并驾齐驱，但是他们的希望落空了。 尽管确实有一些提高，欧洲的君主债券市场更像是美国的市政债券市场。 有各种各样的发行商，每一次发行规模都相对较小，每一个国家都有不同的发行和税务制度。 相对于美国的，欧洲次级法人债券市场和高收益债券市场规模要小一些，但是它们仍然是在各种金融创新中占领军地位的。在 2009 年初，就像看出信贷危机对金融创新产生的影响还为时尚早。但是如果有一些暗示，那么一定是倡导更高的透明度，而不是更低的。更多的规章制度和更大的制度机构，有更好的风险度量标准，以及也许是对于全球合作需求，如果不是协调更好的理解。 有很多博学者看起来似乎是永不疲倦地重复强调美国每一个工作日都必须进口超过 30 亿美元来对它的经常账目赤字进行融资处理，但很少有人认识到有一群国家事实上正在创造大于这个数字的储蓄盈余。 正如科南特在一个世纪之前意识到的那样：他们必须出口储蓄盈余或者是面对国内危机。 金钱必须被用于投资，这样才能产生回报。 如果没有办法按对其有利的条件进入美国市场，欧洲和日本几乎不可能从第二次世界大战对它们造成的损害中恢复过来；同样地，相对开放的美国商品市场，以及它吸收过剩储蓄的能力，对于从拉丁美洲到俄罗斯再到东亚国家的这一系列新兴市场从全球性危机中得到恢复都起了至关重要的作用。 对于有些国家来说，他们与美国之间的贸易盈余是他们经济增长的主要动力，这是事实。 20 世纪 70 年代末期，中国的国内改革开放是很重要的，而从商品和资本两方面进入美国市场的可行性为中国提供了第二根支柱，它为中国快速发展提供了的推动力。

美国政策对于国外的外汇直接投资和本地接受对美元投资的促进作用是有限的。 它距离完美的解决方案还有很大的差距。 但是在哪里存在限制现在还不是很明显。 一些经济历史学家注意到，在第一次世界大战的末期，一个更早版本的全球化巅峰时期，主要国家的经常账目不平衡的中位数超过了他们国内生产总值的 5%。 而现在，即便是有不可思议的资本和商品的跨边界转移增长率，这个比例已经上升到接近一半。 我们并不清楚有没有任何其他国家有能力或者愿意去取代或者排挤掉美国来担任世界资本盈余的安全阀门。 无数的评论家对于美国政策也没有一个实际的后备选项。 资本市场的发展，特别是在亚洲，以及推进世界消费来吸收储蓄盈余可能会有帮助，但是这个过程将会需要很长的时间，因为文化上以及制度上的变化是必须的。 此外，在流动性和安全性上都附加了一笔额外费用的信贷危机，看起来已经阻止了亚洲经济寒流中的当地货币债券市场，并让其停滞在自己的轨道上。

布雷顿森林体系的崩溃和国际货币基金组织的兴起

布雷顿森林体系获得成功的第一个也是唯一一个根本原因，并不是由于那次最高级会议中提出的历时两年的思考和计划，也不是由于领导人的才干，它也不是一个帮助培养合作精神的已经实行的主要起义。诚然，最激烈的谈判是与哈利·德克斯特·怀特之间的那一次，代表了美国和约翰·梅纳德·凯恩斯，代表了大不列颠帝国。 这一切的真实原因是因为美国是唯一的一个充满战争摧毁力量的主要经济体。 当时的美国有着经济和军事力量的优势。

美国的强大令它足以在很大程度上左右协议中关键条款的制定。它有着比全世界其他国家的储备总和还多的黄金。 很多寄希望于第二次出现布雷顿森林体系的人之所以认为这是可能的是因为，美国被发生在伊拉克和阿富汗的两次拖延已久的战争、新世纪的第一个 10 年中第二次的经济衰退，以及历史部分的信贷危机弄得步履蹒跚。 他们希望一个被削弱的美国和英裔美国人的资本主义制度的坍塌会让这个世界能有机会又一次重新构建自己的金融结构。 而实际上，他们错了。

美国仍然是世界上最大的经济体。 美国的国内生产总值比第二大经济体（日本）的国内生产总值要大三倍还多一点。 它的军事支出超过全球其他国家的总和。 然而美国仍然不能左右最终结果或者是强加给世界一个新的国际货币机制，像它在布雷顿森林体系能做到的那样，而美国也不想要再继续这样的行为。

有些人想要寻求办法来扩大国际货币基金组织的权利，这样它就能成为掌管金融稳定性的根源组织，就有能力和权威来监管国家的规划者。 这看起来并不像是一个十分有前途的路径。 国际货币基金组织缺乏一定的合理性。 它的声誉被它在 1997 年到 1998 年间处理亚洲金融危机的方式所玷污，它的实施力度也是十分有限。 很多亚洲国家，包括日本、中国和韩国，都在发展一个交换协议和储备共享机制网络，这个网络将会允许它们在危急中绕过国际货币基金组织。

几个政治上的老生常谈之一是这么说的：任何政策，如果它不能被有力执行的话就是个坏政策。 对国际货币基金组织的条款进行阐述就是这么一回事。 一个例子是，国际货币基金组织现在有权利去监管外汇市场来保证各个国家没有不公正地操控货币。 不管从任何角度看，这个主动尝试看起来几乎是一定失败的。 而要给它赋予执行力就是另外一回事了。

没有缩水的贸易赤字

25 年多以来，美国一直都记录的是贸易赤字，但是从任何有意义的角度来看它的实力都没有被削弱。 在 2007 年底，美国的经常账目赤字（衡量了跨边境的商品、服务交换和投资收入）达到了 6 185 亿美元；在一天之内它就扩大了超过 10 亿美元，达到了国内生产总值的

4.5%。 很多经济学家担心如此大的贸易赤字会引发一场成熟的全力而来的金融危机，给定这些贸易赤字必须是由外国投资者融资得来的，如果，或者是到这些投资者不愿意继续为这样的账目不平衡筹措资金的时候，这种担心就有可能变为现实了。

信贷危机并不是由大家所畏惧的针对美国的资本冲击导致的，这甚至都不是一个诱因——事实恰恰与之相反。 美国贸易赤字在 2005 年 12 月达到最小值，而更宽泛的概念上的经常账目赤字在 2006 年第 3 季度达到了它的最低值。 美元在金融危机的第一年中并没有贬值。 在 2008 年中期，随着这次危机更全面的本质暴露得越来越明显，美元相对于大多数其他货币的价值都上升了。 唯一的例外是日本的货币日元。

在 20 世纪的第一阶段所建立的结构上的立场是靠借入美元进行融资的。 他们包括美国和欧洲的对冲基金和银行；以及像韩国、墨西哥、巴西这样的国家的保险公司、投机者和投资者。 他们不得不买入美元来保持他们的地位。 随着美元的升值，更多的参与者发现他们自己需要美元。 举例来说，那些被外币占有应收款项的公司可以通过买入美元进行对冲。 与此同时，美国投资者会卖出海外投资来利用美国市场中的交易。 注意到美元的变化，有动力的交易者会寻找一个可参与的趋势，希望以此来弥补其他地方的损失。 综合来看，这些因素让美元很快地升值，即使是在其他市场通货紧缩的时候。 在一个相对较低的程度上，日元、瑞士法郎以及港币也是被人们当成融资货币使用的，并在危机时期表现得更好，因为以前卖出的立场现在必须被买回来。

现实：就生产力而言，美国是世界的领军人物

在国际经济竞争和对抗的范围内，关于贸易的关注是被错误放置了的。 它仅仅只是美国在全球经济中所扮演角色的一维展现，更不能算是最重要的。 在全球化的门户开放政策条件下，用当地生产而不是出口来满足外汇需求的直接投资策略被证明是成功的，即使它伤害了贸易

赤字。 因此，美国应该将政策推动力向直接投资转移，并且，任何通过观察世界贸易来进行决策的人也应该这么做。

这对于美元有着清晰的暗示意义。 美国跨国政策通过创造自然货币的多样性从而相对来说是对美元的波动免疫的。 在 20 世纪 90 年代后半部分美元比较坚挺的时候，公司利润也较丰厚。 在 2001 年早期经济不景气之后，公司利润在一个美元较疲软的环境中周期性恢复了过来。

这同样也意味着关于其他方面的考虑在做出投资决策的过程中会占据主要地位。 举例来说，传统的学派认为：在一个美元疲软的环境下，对大型跨国公司的投资将会比更多国内导向的公司的业绩要好。但是市场更加的复杂也更加的变化无常。 所以，我们来看以下这个实例：温迪国际快餐的销售要比麦当劳的更本土化，但是前者在美元严重疲软的时期表现更好。 同理也是用于其他公司，例如百事可乐和可口可乐，约翰·迪尔和卡特·彼勒。 最终，公司交易的基础变成了除了美元之外的其他基本原理。 麦当劳证明了它能在任何市场执行它的策略，而它通常是用当地的原料并永远聘用当地的员工。 商品的价格对于麦当劳的投资者来说是一个要考虑的问题；但是汇率不在他们的考虑范围之内。

人力部门的全球化创造出了一个虚拟的工厂。 公司们无时无刻不在转移着自己的商品，但是当贸易发生在不同的国家境内的时候，即使是在同一个公司内发生的，这次转移在我们保守的国家核算系统中仍然被计作是贸易。 这种公司之间的交易构成了美国贸易赤字的一半。 这些是连接神经元之间的突触。 调节这样的生产和供应链必需的命令、控制和交流功能是一种比较优势，而美国拥有这种优势。 而科学技术让这样的优势成为了可能。 美国企业采用新科技的速度相对较快，而美国工人也习惯了伴随着他们工作而发生的重新训练过程，不论他们的职位在公司组织表格上处于什么地位。

确实，一些低技术低薪资的工作机会被转移到了国外。 但这并不影响总产出，因为一些技术应用会驱动生产率的提高。 另一方面，海外的子公司的雇佣情况使得母公司对服务的需求上升，从而创造了不同的就业机会。 证据显示:大多数国家正在逐步丧失生产制造业的工作机会，即便是中国也是这样；科学技术是对那些低技术熟练度、或是劳动力密集型的工作构成最大的威胁，而海外销售不是。

现代企业将整个生产过程分成一步一步的看待，然后把它们划分成小块，并分布到最符合经济常识或者是政治常识的地方去。 这个复杂过程的管理专家让美国变成了一个全球化生产动力车间，不管这个工作是在这里还是在海外完成的。 在信贷危机之前，美国的产业总产出达到前所未有的高点。 这是由少数人力时间资本完成的。 这被称为生产力。 同时这也是关于美国巩固其经济实力的成功故事。

第八章
第八个误区：美国资本主义发展阻碍社会主义

政府和资本主义制度是伙伴，而不是敌人。

芝加哥大学是世界上一部分最为积极的自由资本主义者的聚集地。隶属于芝加哥大学的一些经济学家，例如米尔顿·弗里德曼，相信市场法则比其他分配方式要来得更好。 在他们眼里，经济自由促进了政治自由的实现。 马克思主义者经常被指责为经济决定论的支持者，拥护资本主义的学者数量依然十分可观。

对于具有致命副作用的处方药，人们倾向于不去使用它们，而选择不具有这些副作用的。 这个道理很简单，却建立在这样一个假设之上：人们知道哪些药具有致命的副作用，那些不具有。 因为信息不对称性的存在，市场需要规章制度和监管系统，而这一点让芝加哥学者们很是沮丧。 政府干预使公司能够成功推出新药，使医生可以放心地将其开进药方，也使患者愿意接受新药。 它使创新和盈利成为可能。

美国人喜欢把自己的国家看成资本主义国家，但事实上它在相当大程度上被政府介入管制，通过这种复合型的经济体制来使得市场得以正常运行。 这次信贷危机至少改变了一个资本主义信徒的看法：在 2008 年 10 月对国会的报告中，原美联储主席格林斯潘说到，放松管制没有像他预期的那样作用良好。

美国文化在核心上是自由主义和反中央集权的，因此这个国家也有着适合自己的文化的"具有美国特色的"政府支持。 美国人确实需要政府介入，特别是在出现问题的时候，但是他们就是不想承认。 看看次贷危机之后。 这次危机很大程度上来源于以市场为基础的经济发展，来源于借款人、贷款人、投资者、银行、评级机构对激励的回应，这些激励本身是一系列私人和公共协商的结果。 这次危机完全属于市场体系内生的事件。 但是，在危机中受害的人们和企业，无论是否需对危机承担责任，没有不强烈要求政府援助的。

美国在资本主义世界中的经济地位的重要性不言而喻，美国的企业和劳动者都从中获益颇多。 政府提供了让看不见的手充分发挥作用的市场结构，当情况变糟的时候又能及时参与解除危机。 政府介入并不意味着该国家在向社会主义转变；即使确实是如此，这也只是说明资本主义可以和社会主义共存。 信贷危机是对资本主义的考验，但是它也不会带来社会主义，而是通向一条十分有趣的二者结合的道路。

美国，劳动者的伊甸园

过去一个世纪以来，美国劳动力的教育水平不断提高。 工人们大多摆脱了繁重的体力劳动，可以享受更多的假期，居住环境有所改善，寿命也变得比以往更加长了。 他们用于实现自己的愿望和想法的工作时间成本变得更低了。 不论身处什么样的商业周期，和其他时候相比，大部分美国民众的生活和美国劳工联合会的创始人萨缪尔·龚帕斯曾经对社会主义的描述不无二致：更多的资源。

近几十年来扩大了的收入不平等，掩盖了居民家庭生活水平提高这一事实。 实际上，美国最富有阶层和最贫穷阶层人们消费水平的差距在逐步缩小。 达拉斯联邦储备银行的研究告诉我们，在 2006 年，美国最富有的五分之一人口的平均收入为 149 963 美元，支出为 69 863 美元。 而最贫穷的五分之一人口的平均收入和支出分别为 9 974 美元和 18 153 美元。 （这一收入和支出差距来源于不动产出售，尤其对退休者和暂无工作者来说）尽管比较富裕的人群能更好地储蓄和纳税，消费上的差距并没有收入差距和福利差距那么大，因而原先属于奢侈品的一些消费品开始变得平民化；拜批量生产、批发销售和不断发展的技术进步所赐，更多的人支付得起这样的商品。

不相信？ 看一看常见商品成本以及美国人平均要为购买它们而工作的小时数能解决这一问题。 （表 8 - 1）

表 8.1　消费商品成本 vs 工作时间

商品与服务				
		1972	1997	2007
手持计算器/价格		$120.00	$10.00	$4.95
工作时间		32 小时	50 分钟	17 分钟
			1978	2007
VCR/价格			$985.00	$59.95
工作时间			175 小时	4 小时
			1984	2007
手机/价格			$4 195	$300.00
工作时间			500 小时	18 小时
		1915	1997	2007
一通从旧金山到纽约的电话（3 分钟）/价格		$20.7	$0.40	$44.99
工作时间		NA	2 分钟	2.6 小时
		1967	1997	2007
微波炉/价格		$491.04	$184.35	$69.99
工作时间		176 小时	15 分钟	4 小时
	1940	1997	2003	2007
巨无霸/价格	$0.30	$1.89	$2.65	$3.22
工作时间	NA	0.15	0.17	0.19
		1919	1997	2007
鸡肉（3 磅）/价格		$6.90	$2.31*	$1.49
工作时间		2.3	11 分钟	5.5 秒

商品与服务					
			1960	1997	2007
配有柯达胶片的摄像机（贝灵巧）/价格			NA	$577.63	$349.95
工作时间			58 小时	47 小时	20 小时
			1972	1997	2007
一场电影/价格			$193.80	$553.05	$499
工作时间			51 小时	45 小时	30 小时
			1930s	1997	2007
加勒比海七日游/价格			$13.00	$75.00	$148.00
工作时间			Na	6 小时	8 小时
			1972	1997	2007
汽车轮胎/价格			$42.95	$525.00	$795.00
工作时间			NA	43 小时	47 小时
				1908	2007
浩狮迈套装/价格				Na	$23 245.00
工作时间					1360 小时
				1908	2007
福特 Taurus 车/价格				NA	$317.00
工作时间				3 月	19 小时
				1954	2007
12 英寸彩电/价格				$	$884.88	$723.35
工作时间				3 天	19 小时
				1997	2007
25 英寸电视（液晶扁清屏/遥控器）				$884.88	$723.35
工作时间				3 天	42 小时
	1919	1950	1975	1997	2007
半加仑牛奶/价格	NA	NA	$0.76	$1.42	$2.19
工作时间	39 分钟	16 分钟	10 分钟	7 分钟	8 秒

（续表）

商品与服务				
	1920	1960	1997	2007
新房子的中间价/价格	$4 700.00	$14 500.00	$140 000.00	$246 000.00
工作时间			13 910 小时	14 386 小时
	1920	1956	1970	2006
每平方英尺的成本/价格	NA	NA	NA	$85.44
工作时间	7.8 小时	6.5 小时	5 小时	4.9 小时
	1929	1957	1970	1997	2007
双人床/价格	NA	NA	$139.02	$294.96	$509.99
工作时间	161 小时	78 小时	42 小时	24 小时	30 小时
				1982	2007
理发/价格				$6.00	$16.00
工作时间				45 分钟	56 分钟

来源：Rab Jafri，未出版论文，Terra K Partners, LLC, 2008

　　虽然每个美国的中等家庭在变小，但平均的住房面积同时却变大了。 2007 年，平均的新住宿房面积为 2 479 平方英尺，而 1978 年的平均数据是 1 750 平方英尺，尽管现在每个家庭平均只有 2.56 人。 就平均数而言，美国人已经实现了"一人一屋"的梦想。 在 20 世纪 70 年代，美国人口调查局报告显示，6.5% 的家庭面临供排水管道不完善的问题。 到了 2007 年，这个数字下降到 1.1%。 与此同时，在 2007 年 86.4% 的家庭安装了空调，在 1970 年则只有 35.7%。

　　通胀调整过的人均收入如今已是 1970 年的两倍，这或许可以解释为什么这么多的家庭安装了空调。 在 1970 年，工人平均收入为 15 139 美元。 （按 2007 年美元计）到了 2007 年，平均收入达到 26 087 美元。 即使这样也低估了生活水平的提升。 美联储的 W・迈克尔・考克斯计算了购买普通货物和服务所必须的劳动时间的下降。 例如在 1956 年，他发现想购买一百平方英尺的房子需要工作大约 16 周的时间。 在 2000 年（房地产泡沫之前），成本下降到了大约 14 周。 在 1950 年，中等收入者需要工作大约 30 分钟来买一个奶酪三明治，而现

131

在，只需要 3 分钟。 研究结果显示，只有卫生保健和大学教育需要通过更多的工作时间来获得。

现在还有几十万美国人还没有健康保险，这对很多人来说是国家的尴尬和悲剧，然而在我们的祖父母那一代，健康保险只是有钱人的特权。 美国人和其他一些国家的人民一样，比之前时代的人们活得更长，过得更好，痛苦更少。

伴随着互联网、移动电话，以及类似黑莓的产品的出现，人们常常觉得自己时刻在待命准备工作。 事实上，每星期的工作时间也被减少了。 在 1850 年，典型的工作时间是每周 6 天每天 11 小时。 到了 1900 年，工作时间下降到每周 5 天一共 53 小时。 到了 2000 年，典型的每周工作时间只有 42 小时了。

工作周的缩短以及技术的引入使得持续工作时间和乏味度都有所下降，这导致美国人比以往都有了更多空闲时间。 芝加哥大学的一位美国历史学家罗伯特·福格尔估算出，在 1880 年，除了工作时间和基本生活必需时间以外，成年人平均每周只有 11 小时可以用于休闲娱乐。而到了现在，美国男性平均每周的休息时间为 40 小时，即使现代化的需求可能使我们事实上享受不了那么多。 美国女性在工作时间上的增加是十分显著的，但是与一个世纪之前相比，根据福格尔的预测，女工们现在每周的休息时间也多了 30 小时。

马里兰大学的约翰·罗宾逊和宾大的杰弗里·戈德比研究表明，将空闲时间定义为无需强制去工作，以及不需要用于照顾孩子或者是做家务的时间，自 1960 年以来美国人平均每周多获得了 5 个小时的空闲时间。

感谢技术进步，虽然房子变得更大了，但需要用于做家务的时间变短了。 在 1900 年，90% 的美国女性每天需要花至少 4 个小时的时间在基础家务（洗衣做饭）上。 现在虽然更多女性进行有偿工作，三分之二的女性有未成年子女，总体上来说只有 14% 的成年女性花 4 个小时或以上在基础家务上。

让人们意识到他们在经济上的成功是很困难的。 在美国，虽然经济周期有起有落，收入和生活水平在长期来看都有了显著的提高。 一个可能的解释是，不确定性和生活节奏的变化使人们变得焦虑，即使从客观标准来看他们过得更好了。 美国人与以前任何时候相比几乎都更加健康，活得更久，收入更多，工作得更少，享受的物质福利却更好。即使是对一些人有负面影响的经济事件，对另外一些人来说是利好，例如房价的下降使得一些原先买不起房的人有了自己的第一个家。 虽然美国人表示了对现状的不满，但是他们也知道在某些层面上情况是不错的，以至于不需要采取暴力推翻生产资料的拥有者。 实际上，他们自己就是生产资料的拥有者。 在一定程度上改变在被慢慢接受，人们明显偏好逐渐开展的变革。

国家的作用

经常性的，资本主义和社会主义被认为是对立的两级。 一边是市场、商业和自由：资本主义。 另一端则是国家、工人和专制者：社会主义。 但是，迅速浏览一下资本主义的历史就会发现，国家和市场的关系复杂得多，这不是一个二选一的情况，对美国来说，二者是并存的。

国家是资本主义从封建社会中出现的见证者。 想要把生产要素（土地、劳动力和资本）变成商品，政府行为是必不可少的。 早期资本主义者和他们在政府的援助者们经常遇到阻力，现代化进程处处面临这种阻力。 中国人称之为"四旧"：旧思想，旧文化，旧风俗，旧习惯。

国家从见证者慢慢变成了最早的扶持者，哺育并支持商业活动。组织的企业形式需要由政府创立，以及用于保护产权划清界限的法律。国家征税的权力能显著影响经济活动的刺激结构。 当国家觉察到他们认为的系统性风险时，他们介入市场。

一些学者，如赛达·史考克博，将现代国家的起源回溯到美国独立战争后赡养寡妇和孤儿的计划。 1862 年的移居法为每个没有在战争中与联邦军战斗并提出申请的人提供 160 英亩土地，包括之前的奴隶。作为代价，拿到土地的人需要对其进行改善，但是几乎每件事情都获得

133

了政府支持，包括建立起栅栏。 这可能属于政府为推广家庭所有制所做的第一次努力。 当100多年以后这个项目结束的时候，覆盖了2.7亿英亩土地的160万住宅已经建成，这占了美国总土地面积的十分之一。 尽管美国政府一直在行使配置资源的功能，在第二次世界大战之后它更多地发挥作用以平滑经济周期。 战前的经济萧条不可能重演。

资本主义和社会主义对立又共生的关系，不仅仅反映在阶层与国家机器之间，在他们内部也发挥了作用。 通过仔细考虑每个术语的含义而不是将资本主义等同于市场或商业，以及将社会主义等同于国家或联邦，我们看到了两种经济哲学的结合。 这就是当代美国政治经济学的特征。

考虑到大的现代公司。 与政治家和工人们相同，公司也想平滑地度过繁荣与萧条的经济周期。 在实践中，经理们试图摆脱自由市场的波动性。 高度集权的总部和长期计划使得公司带有社会主义者的味道。 一天结束的时候，政府官员和公司官员并无二致。

即使是全球化的驱动力也反映了资本主义和社会主义的共同作用。它既是对资本流动性的肯定，也是试图摆脱市场的尝试。 跨国公司将经营活动内在化，例如原先在具有不同法人身份的公司间进行的贸易。

当2008年夏天金融市场受到重创之时，全世界的人们嘲笑说这是英美资本主义注定的报应，包括一些更加中央集权的资本主义国家领袖。 他们的嘲笑毫无道理。 自由市场并没有因金融危机消亡，因为它根本从未在美国或者英国存在过。 欧洲大陆一体化资本主义和英美资本主义的不同并不足以阻止它们自己的信贷危机的发生，即使这些危机和美国次贷问题并没有什么联系。

大半个世纪之前，美国政府在解决一个现代政治经济学核心的关键问题上发挥了重要作用：柯南特发现了盈余资本问题。 经济中生产出比消费者需求更多的产品，这也是经济危机的导火索。

在乔治·W·布什内阁推行的政府雇佣扩张，新的政府部门的创立以及联邦政府支出上升之前，美国政府吸收了超过三分之一的美国生产的商品与服务（政府支出占GDP比重）。 英国的数据和美国类似，该比重在欧洲大陆已经接近一半。

134

除了注意到信贷危机前政府的规模，知道非营利部门占总体经济的份额同样具有指导意义。看看美国的情况。将政府、医疗保障、许多教育和研究机构、慈善和基础建设、图书馆和纪念设施加总在一起，我们会发现一个惊人的事实：超过一半的经济是非营利性质的，而且这是被许多专家看成"资本主义的末日"的信贷危机之前的数据。

诺贝尔奖获得者，阿玛蒂亚·森（Amartya Sen）在 2009 年初的一篇文章中表达了类似的观点：

这个世界上所有富裕的国家——包括那些欧洲国家，以及像美国、加拿大、日本、新加坡、韩国、澳大利亚及其他国家，都在相当长的一段时间内，依赖市场外的交易和支付。这包括了失业收益，公共养老金，其他形式的社会保险，教育和卫生供给，以及其他不由市场配置的各种服务。对这些服务的经济授权并不根据私人所有制或者产权。

与此同时，市场经济本身并不只以最大化利益为准则运行，而需要考虑其他活动：如保证公共安全和提供公众服务。这些活动本身是偏离利益最大化的。令人赞叹的资本主义体系的表现，在其向更高的层次进发时，需要社会提供的教育、医疗服务以及运输这些制度的融合，即使它们本身是远离利益最大化的市场经济和由私有产权所限制的个人权益的。

政府在信贷危机中发挥了十分积极的作用，但是他们的介入并没有运用太多新的技术。过去的两代人的日子里，现代产业化国家面临过很多次银行业危机。除了与其他时代相比大的无法想象的生产规模和种类外，现代经济还时不时地产生金融过度。它和商业周期都是资本主义的内在特征。

在很久之前，借债给别人会被监禁。如今，在一般的状况下，债务不再是耻辱的象征，并被用来发展经济。劳务性经济的发展、更好的存货管理以及毫无疑问的现代化政府干涉等力量的结合使得商业周期得以被缓和。在 1983 年和 2008 年之间，美国一共经历了 7 次负增长。信贷危机戏剧化地作用于这个过程。现在说信贷危机具有的通泄功能能否使经济回归平稳增长还为时过早。

商业周期依然存在。它已经被管理和缓和。经济波动的振幅已然缩小，萧条的频率和维持时间都被降低。 波动性被转变成另一种冲击吸收器，除了包括货币价格的金融资产价格以外。

每次商业周期都有所不同，这也同样适用于信用周期，虽然这出戏剧的演职人员表无甚不同，但总是有坏蛋和罪犯，英雄和预言家，以及无辜者和不幸者。 经济学家所喜爱的抽象模型以均衡为基础，也正是因此他们和依赖他们的政策制定者在有意或无意的情况下受到了思想上的屏蔽，使其不能理解不稳定的力量。

社会主义和资本主义

如果资本主义被定义为这样的一种社会：权力来自对生产资料的所有权，那么美国和其他工业化国家的制度并不是这样。 很多原先来自私有产权所有的权力已经被减弱、限制和重新定义。 这并不能说明这些国家现在是社会主义的，更合理的解释是这些国家是资本主义和社会主义的混合体。

社会主义同样和市场力量的范围相关。 现代商业的基本特征，例如法人所有制、管理、就业、投资政策以及收入分配并不能简单地理解为市场力量。 公共政策和来自诸多联合团体的压力帮助形成了现代公司并影响他的行为和目标。 这并不意味着权力不再来源于私有产权，而是说明社会主义关系的存在意味着这些权力受到了调整和审核，有时甚至是重新诠释。

对很多人来说，只要是政府干涉都免不了和社会主义有关。 美国的社会主义不应该和社会党的壮大混淆。 作为一个组织性的政治实体，社会主义在美国具有一个丰富多彩的历史。 很少有人加入这个党派，通过请愿书，去这里工作或者赢得选举。 在美国也没有所谓的资本主义党派，但正如并不意味着这个国家不推行资本主义一样。

美国并不是一个社会主义国家，但它却具有一些社会主义的特点。一个常识性的定义是：社会主义是社会主义者所提倡的制度。 在 1980年，米尔顿·弗里德曼和罗斯·弗里德曼重读了 1928 年社会党宣言并不无苦恼地发现，里面大部分的经济政策要点至少部分地实现了。 社会党宣言包括呼吁建立公共失业保险和职业介绍所、健康和事故保险、养老金、禁止童工法以及工作日的缩短，其中还关注到了环境问题，呼吁一个防洪、抗洪、重新造林、灌溉和开垦的国家计划。 这些进步的一部分在过去的 25 年里有所倒退，但这并不意味着一个社会主义方向的进程是不可能的。 相反的，它确认了这一点。

彼得·德鲁克，商业和社会理论的研究者和作者，认真研究了马克思。 在他的著作《后资本主义社会》中，德鲁克明确表示：根据马克思对社会主义的定义："工人拥有生产工具"，美国是世界上社会主义程度最高，同时也是资本主义程度最高的国家。 以工人作为受益人的养老金已经成为美国商业或者生产工具的最主要拥有者。 共有基金发展迅速，以至于 44％ 的美国家庭至少拥有一种。 这些基金是美国公司的最大的拥有者。 工人们分享资本带来的收益流。 在某种程度上工人所有权意味着社会主义，这样美国国民作为资本家或许才是符合马克思的思路。

在过去，一个公司的主管经常是大股东，他的权力来自他对公司的所有权。 现在再也不会如此了。 资本家服从于他们施加于工作流程上的劳动力分工。 现代商业建立在所有权和经营权分离的基础上。 举个例子，美国的养老基金是所谓"生产工具"的最大的拥有者，而受益人是美国工人。 很多美国工人将资本收入放入总收入之中并为此缴税。

公司权力不是绝对的。 公司可能觉得必须重新分配资源。 社会主义者强调受到影响的人群的看法、收入保护、职业再培训以及对那些失去工作的工人的职介服务。 公司权力的重新定向使企业接受体现社会价值的非经济目标，例如，无差别雇佣、残障人士通道和设施、交易的透明度、问责制以及艺术品和教育投资上是十分显著的。

尽管弗里德曼的经济理论中提到公司的唯一目标是最大化股东收益（"生意的精髓就是经营"），公司年报和网站上充满了关于公司的非经济成就的华丽的辞藻，例如慈善事业、地区开发、环境问题以及多样性上的成就。 此外，生产资料所有权越来越多地通过股票市场和增加业主权益的界定供款退休金计划变得公有化。

137

危机中的资本主义

全世界的政府为了处理金融危机使用了无数种方法干涉市场。 很多人认为这标志着资本主义的终结。 事实上，自从资本主义出现以来人们一直在宣称它将要终结。 马克思和他当时的追随者们预言资本主义的完结短期内就会到来。 半个世纪之后，列宁和他的追随者做了同样的事情。 举个例子，1926 年，约翰·梅纳德·凯恩斯在他的书《自由放任的终结》中宣布资本主义到头了。 资本主义的历史没有得到公正的评价——因为它一直在变化。 资本主义具有和牛仔裤、摇滚乐和有机食品一样的兼容并包的能力，这或许可以解释它的长寿。

繁荣比萧条更好，而且一般来说维持得更久。 经济学家过去几十年都在研究增长。 研究危机变得不那么流行了。 这在将来肯定会有所改变，因为信贷危机为博士毕业论文提供了丰富的可供挖掘的数据。

关于现代危机有两个主要的学派。 其中比较正统的一个，将结束商业周期的危机看成是在市场外发生的。 一些外在的力量打断了资本主义的自然扩张：美联储过度紧缩，政客们有时提出经济减速政策，战争和自然灾害使经济体脱离增长轨道。

第二种观点认为，商业周期和人有共同特点。 他们不需要被外界力量扼杀，因为他们自己会自然老死。 危机爆发时，商业周期结束的原因，在经济上升期就已经注定了。 危机因此可以被看成市场经济的一部分。

经济学家以不在任何事情上达成一致闻名，因此第二种观点又分为两派就不显得奇怪了。 海曼·明斯基，一位华盛顿大学圣路易斯分校的研究经济危机的经济学家，代表了第一个分支。 他相信在民主国家，政客们试图实现繁荣：充分就业，上涨的产权投资市场中已经上涨的资产价格。 但是那样的一个长时段会促进投机兴奋以及明斯基称之为"资产负债表工程"的过程：公司试图通过金融市场增加价值而不是通过他们的核心业务。

稳定的低波动鼓励人们更多地承受风险，通常到达了一个难以接受的高水平。 明斯基在投机性金融里发现了一个自我强化的机制：下降

138

的债务质量导致经济不稳定和危机,而危机本身就是十分严重的不稳定。 换言之,稳定是暂时性的,并将最终导致不稳定。

另一个思想分支同样将危机看成资本主义的组成要素。 从辩证的角度来看,危机并不产生于市场衰退,而是来自市场的强大。 经济精英在积累资本上获得了太大的成功以至于开始过量投资,造成超额生产能力并导致过量生产和价格下降的压力。 货物的现有和潜在供给超过了有效需求,这导致价格下降到生产成本以下。 因为固定成本对可变成本的比例过高,企业没有选择只能亏损。 这反过来使过量生产愈发恶化,并导致了毁灭超额生产能力的失败、集中和联合。 查尔斯·柯南特属于这一分支,当今的一些学者持相同观点,包括詹姆斯·利文斯顿。

这一分支,一个从不同的角度看待市场的多样化团体,经常将市场经济描述为"一直在危机之中"。 这些危机不断转变劳动过程并彻底改变了生产。 即使有很多人对稳定经济增长感兴趣,持有这一观点的学者认为,资本主义本身(不仅仅是金融)从它的本性上来说是不稳定的。 繁荣和萧条之间的波动几乎一直存在。 供给和需求之间的深刻的不均衡被债务联系起来。 而这一点正是明斯基的赞成者所不同意的。

同欧洲和许多其他国家相比,美国确实有一套与众不同而且更加宽松的监管体制,但是这种监管体制并没有也不能组织长信贷周期带来的过量信贷。 在不同国家,监管体制刺激了美化和加工信贷周期特殊性的行为。 如同美联储前主席格林斯潘和很多其他人后知后觉地发现的那样,美国政府似乎在放松管制的道路上走得太深了。 2004 年,亨利·鲍尔森游说证券交易管理委员会减少对经纪交易商的资本要求。 到了 2008 年,当鲍尔森成为了财政部长,他意识到自己的错误,才发现为时已晚。

尽管如此,美国和欧洲监管体制的不同与他们的相似之处比起来算不了什么。 次级借贷并不是国际性金融危机的原因,杠杆才是,而这也与是哪个国家无关。 从某种程度上来说,它和所有国家都脱不了干系。

本土企业和银行对国外借贷的平仓(主要为美元,少量为日元、瑞士法郎、港币)使得许多世界货币在从 2008 年夏天开始的危机的第二

139

阶段迅速贬值。 日本的私人投资者的储蓄和养老金损失很大，原因却不是他们参与次级贷款，而是因为在做日元空头的平仓交易时，卖出日元已获得较高外币结算的投资利率。 与投资于低利率的日本国债、日本萎靡的股票市场或该国死水一潭的房地产市场相比，这一操作很多年来帮助日本家庭获得了更高收益。

美国的放松管制和次级信贷无疑不应该为冰岛的银行体系和经济崩溃这个现代最壮观的经济事件之一负责。 其他中等或低收入国家（例如匈牙利、乌克兰和巴基斯坦）不得不接受国际货币基金组织的"拥抱"，如同走失许久的恋人。 归咎于美国很容易，但是这次危机的责任，和危机本身一样，是全球性的。

尽管责怪英美资本主义是释放沮丧情绪的一个渠道，它本身是有害无益的。 把矛头对准美国阻止了对危机的国际化特征的理解，也将海曼·明斯基完整描述的系统性问题个体化了。 它鼓励了国内问题的外部化，阻挠了对未经审查的杠杆带来的真实风险的认知，助长了排他的国家主义。 这次经济领域的燎原大火确实是从美国开始燃烧的，但是即使没有次级贷，很多国家具有的干燥的"易燃物"仍会由别的冲击点燃危机的火花。

世界其他地方人们倾向于将金融危机怪罪给美国，这和大萧条时的情况是类似的。 然而如果危机的研究者是对的，资本主义是一个全球问题。 不管是什么样的监管环境和享乐主义对消费者导向的即时满意度的不屑的水平，没有人能从周期的下降轨道中脱离出来。

我们对商业周期做过哪些工作，我们就得继续保持下去：接受它是现在政治经济的一部分并发展将其缓和、减轻和维持的工具。 这并不是社会主义：相反的，这是在要求政府提供监管和核算框架使得资本主义的主要部分能够获得成功。 结果将是金融领域更加透明化的资本主义和最终获得的更强大的经济。

社会主义，资本主义和其他

20 世纪 20 年代和 30 年代的全球经济危机为现在关于政府干预的

讨论提供了一些极坏的影响。 它见证了共产主义和国家社会主义的兴起。 很多国家的政府，尤其是高收入国家，通过扩张其在经济中的作用来应对金融危机，使用一些几十年来未见过且涉及数量巨大的方法。不只是固执己见的资本主义者，很多观察者开始担心资本主义的做法和体制在逐步被社会主义取代——但是哪一种社会主义？ 一个善意的以工人所有制为特征的使得美国成为世界上首屈一指的资本主义国家和社会主义国家的制度？ 还是一个用庞大笨拙的国家机器遏制个人创造性的制度？ 抑或是纳粹推行的种族主义独裁统治？

1917 年苏联社会主义革命发生的环境是一个以农民为主的半封建农业社会。 因此现在很多人将社会主义与列宁和斯大林的暴力压抑且中央集权的政权联系在一起，但那只是和 20 世纪 20 年代紧密联系并在当时发挥作用的社会主义形式。 这种模式在意大利和西班牙演变成法西斯主义，之后以国家社会主义的名义在德国活动。

第二种形式的社会主义是不是一定比前一种要好？ 在第二次世界大战中，同盟国中有第一种社会主义打败其第二种形式的。 尽管我们经常把法西斯主义看成一套种族歧视和灭绝的体系，但是事实上这只是在德国的情况。 在意大利，墨索里尼治下，法西斯主义是极权主义和极度国家主义的代名词，但是大体上来说，它并不是种族歧视的。 法西斯主义是自由主义、个人主义和共产主义的死敌。 在法西斯主义看来，国家目标和国家利益高于一切，其他所有事情都是它的从属。

美国和西欧对经济危机的回应来自当时的两位为鼓励总需求提供策略的经济学家，而这回应使得共产主义和法西斯主义大行其道。 他们是：欧文·费舍尔，强调货币反应；约翰·梅纳德·凯恩斯，提倡使用财政政策影响货币变动。 如今，很多专家作者将费舍尔－凯恩斯的计划看成左翼社会主义，但是在他们的时代，很多人认为他们的计划很接近法西斯主义，当然，是摆脱了其丑陋部分的。

在英国前首相托尼·布莱尔和美国前总统比尔·克林顿在他们的国家推行左倾经济政策和右倾经济政策之间的"第三条道路"之前，法西斯也做过同样的事情：一条在资本主义和社会主义之间的道路。 如果观察者们的看法是正确的，美国和其他高收入国家确实正在社会主义

141

化，这是向社会主义的转变还是法西斯主义？ 二者的关键不同在于谁是拥有权力的政治同盟。 社会主义制度下，国家无疑和工人组成同盟，但是事实上在苏联、中国和古巴，工人们的生活十分贫乏。 在法西斯主义制度下，国家和企业紧密联系在一起，但是使用产权受到了十分严格的限制和监管。

第二次世界大战以来，美国和其他高收入国家在经济的很多方面永久性且影响深远地增加了政府作用。 介于凯恩斯在一定程度上被和使用财政政策刺激总需求的政策导向联系在一起，尼克松在这一点上是对的：我们都成为了凯恩斯主义者。 但是，公平地说一句，凯恩斯希望一旦经济进入了自稳的上升轨道，政府支持的需求促进应该停止。

美国政府大小和职能的扩张过程没有顾忌到他们对总统和国会的附属地位。 政府试图外包一些政府职能，如监狱、学校和一些军事活动的管理。 但这些努力并没有为政府扩张减速。 事实上，政府扩张速度和经济增长速度基本一致。 信贷危机的一个结果是近乎永久性的政府职能增加。 不只是在美国，全世界主要工业化国家都面临这样的变革。

政府如何扩张

随着时间推移，一些力量导致了政府职能在经济上的扩张。 第一个就是参与民主的公民。 人们希望从他们选出并为之付账的政府获得更多的商品和服务。 或许在过去，农民会将其守成固定的一部分交给君主或者是封建领主，小声抱怨努力工作却回报寥寥。 但是在民主时代，人们希望政府能够为他们提供封建领主们从未想象到的商品和服务，不考虑供给：从出生到成年出色的公共教育，老年人的高质量健康保障，养老金，银行违约保险，充足的基础设施，以及毫无疑问的，强大的国防。

大萧条以来，公民要求政府扩张的力量被另一种力量所满足：能够生产出超过它所能消费的数量的商品和服务的现代经济。 这是在持续的技术进步下过量投资和相对而言较低的消费水平的结合。 在金融危机中，我们经常听说政府是最终贷款人。 政府也同时是最终消费者。
政府开销能够吸收多余的粮食生产能力，也能吸收航空航天工程的过量
生产能力。 当然，官员们很少这么想，即使允许他们这么思考。

政府确保了资本和劳动力的充足的高利用率，从而实现社会稳定。
尽管有一些意外的例子，政府在经济中的作用在经济衰退严重后总会迅
速扩张。 政府干涉是终结下降的商业周期的不二法门。 现代政府，即
使是特殊的中国，都在试图提高公民的生活水平。 和他们的执政思路
不同，即使是里根抑或是撒切尔夫人都遵从这一模式。 批评政府职能
的扩张，并不能为维持充分的总需求提供别的选择。 失败也是不被允
许的，因为历史一次次告诉我们，社会稳定将面临风险。

现实：中央集权不等同于社会主义

不均衡推动了现代经济，但是在一个时点后会变得不稳定。 当经
济经历过校正，它会变得不再一样，通常会变得更好。 创造性破坏会
导致创新，虽然在它发生的过程中会带来阵痛。 （经常账户的不平衡
又怎么说？ 事实上这并不是真的不平衡，而是对国际贸易的古典理解
的产物。）导致信贷危机的一个主要的失衡是金融产业创立的新的金融
产品和投资者对它们的理解和接受的差别。 另一个十分重要的不对称
体现在金融机构的能力和经营活动以及监管制度上（对美国和欧洲相
同）。 除此之外，金融部门占了美国（和英国）企业盈利的很大的一
部分，抵消掉了制造业和其他一些行业的收入。 可能最令人烦恼的失
衡是昂贵的美国梦——为孩子准备一栋房子和大学教育——是努力工作
的好人们所不能实现的，这让他们没有别的选择，只有通过借贷并希望
能有好的结果。

随着金融资本主义在别的行业提倡理性，尤其是 20 世纪 80 年代和
90 年代的制造业，它自己也变得理性化。 因为技术发展，经济中具有
不可想象的财政能力。 近些年来，这些能力被用于推广考虑到他们的
风险，严重错误定价的产品。 风险的再评估则暴露了这一过程的不完
善，缺乏效率和不幸运。 产业整合会十分显著地提出这些额外空间。

143

数量更好却更加强大、更具适应性和竞争力的金融机构将会出现。

一个20世纪20年代的法西斯主义者如果来到现代社会，可能会有很多惊喜。火车会晚点，在希特勒时代会被杀掉的人们在帮助政府工作，而政府的职能和那个时代差别寥寥。法西斯主义提倡的"第三条路"强调一个包含企业、工人（同时也是消费者）和国家的公司结构。

美国人对他们的国家的独特性的信念也会很合法西斯主义者的口味。约翰·F·肯尼迪劝诫美国人："别问国家能为你做什么，问问自己你能为国家做些什么"，比尔·克林顿则说道："我不明白为什么有些人说他们爱国但是却恨政府。"弗朗哥、希特勒和墨索里尼对这些观点会很有认同感。

但是真正的问题并不是一个国家的社会主义程度有多高或者属于什么类型。需要关注的是，谁感兴趣的事情被决定了。为选民和纳税人提供稳定经济环境的政府政策和满足一个狂妄自大的疯子的政策之间是天差地别的。二者都可以被宽松地划分到"社会主义"或者是"法西斯主义"，但是它们的道德重量是截然不同的。

美国正面临扩大化的贫富差距。在现有的收入状况下，古典色彩的美国梦——拥有一辆车一栋房子，有能力将孩子送入大学，对很多美国家庭来说已经变得遥不可及。这是美国文化的一个根本问题。债务和政府是解决这个问题的途径。信贷危机后，债务已然出局，政府当家作主，这会使美国变得怎么样？资本主义？社会主义？法西斯主义？

或许，它只会让美国更加美国化，更加美式实用主义。工人同时也是股东。这使他们成为资本家还是社会主义者？还单纯是一些新的东西？纳税人想要养老金。这使他们成为了想无中生有的社会主义者还是想从税收中获利的资本主义者？

阿克顿说过："权力使人堕落，绝对的权力则会使人彻底堕落。"美国对此的回应不是回避权力，而是将其分成小份，并赋予责任。关于国家的发展，有一些十分著名的调查数据和客观均衡。资本主义实践和对从私有产权或社会主义中获得的权力的计量，让美国走上了一条过去百年来未曾出现过或被认知的道路。

144

　　市场和政府不能被简单地区分开来。　情况明显要复杂得多。　一个强大的政府和一个强大的市场并不冲突。　没有政府的市场并不存在，也没有人想在没有市场的国家生活。　政府作为消费者和投资者的作用在于帮助国家缓和实际经济中的周期性波动，并管理经济学家口中的"外部性"，即未被意识到的商业活动产物。　卡尔·马克思预期社会主义将在资本主义最发达的时候出现，而正如彼得·德鲁克所观察到的，美国已经成为了最资本主义化和最社会主义化的国家。

第九章
第九个误区：弱化的美元会促进出口，驱动股票市场

即使一个人能对未来的汇率变动有着完美的预期，这也不会对预测出口、贸易平衡或者是股票价格有任何的帮助。

权威人士和政策制定者经常引用长久以来的美国贸易赤字作为美元价值被高估了的证据。 他们称，一次显著的美元贬值对于减少给美国乃至世界经济带来巨大风险的全球经济不平衡的作用是不可或缺的。 美国不能继续这样超过生产能力的过度消费了。 尼克松政府的经济顾问委员会主席赫伯特·斯坦曾经说过，没有事情会是永远不要做的。 因此，有些人争论说对于美元只有两种结果，有序的贬值和无序的贬值。

尽管这可能看起来很合理，但是这是错误的。 因为贸易赤字最终清零，而认为美元必将贬值的信念是适得其反的，并可能会带来没有预期到的后果。 疲软的美元可能并不会帮助推动美国出口或者是大型美国跨国公司的收入。 而一个疲软的货币系统也不会是提高权益价值的关键所在。

我们来看看石油这个例子。 它是美国进口最多的东西之一。 但是对石油的需求是相对较缺乏弹性的：它不会因为价格的变化而有太大的变动。 当汽油价格上升的时候，人们不会冲出去买更节约能源的小轿

车，也不会搬到离工作地点更近的地方，当然也不会拒绝在假日的时候开车出去拜访亲朋好友，至少一开始不会。他们会等待，然后看会有什么事情发生，与此同时他们会在加油泵旁乖乖付钱。从 2008 年 7 月中旬突然中止的石油的兴旺季来判断，要想改变人们的行为，就必须在相对较短的时间内发生很大的价格变动。自从石油的价格主要与美元绑定之后，大多数石油的消费国就开始需要收购美元来购买石油了。石油的成本越高，就越需要更多的美元。

尽管在 2007 年下半年和 2008 年上半年之间的石油价格激增，美元的卖价仍然处于极低的区间内。在 2008 年 7 月中旬石油价格崩塌之后，美元又复苏了。我们可以很清晰地看到，驱动外汇市场的其他作用力可以超过对美元的交易性需求。举例来说，更高的石油价格可以使贸易赤字变得更宽泛，即使美元贬值了。这与理应发生的情况截然相反。在经济学准则 101 条中我们学到的标准关系是疲软的货币会通过降低出口价格同时抬高进口价格从而降低贸易赤字。

关于这个可容不得马虎。美国仍然是一个令人敬畏的出口玩家，在 2007 年将价值 1.2 万亿美元的商品送到世界各地。诚然，出口对于大多数美国跨国公司来说不是收益的主要来源。相反，跨国公司们挣得他们的海外收入的办法是相对不受美元变动影响的。当百事可乐在印度生产饮料并把它们卖给印度人的时候，收益的是一个美国公司，但是出口或者进口都没有发生变化。美元的相对优势可能会影响百事可乐报告中的收益，但是它不会影响到当地市场中的价格或者需求。

正如我们在第二章中看到的，疲软的美元本身并没有所谓的好与坏。它是一个权衡。世界上存在着赢家和输家，疲软的美元，与衰败的美元相反，可能会帮助带来某些种类的投资和像旅游货币这样的收入。然而，通过财政和货币政策来故意使美元保持在疲软状态并希望由此改善美国出口市场就完全是另一回事了。这就很愚蠢了。

是什么推动着美国贸易

在 2007 年从美国运输出去的价值 1.2 万亿美元的商品中，有

38.4%是资本商品，而其中的27.2%是产业供给。进口组合有一些不同，在2007年，美国通过进口吸收了2万亿美元。其中最大的组成部分占了32.4%，是产业供给，第二大部分是消费商品，这部分占据了总组合的24.3%。在产业供给这个大分类里，美国出口有很大的多样性。其中最大的组成部分就是化学制品。而相对的这个范围之内的出口则集中在汽油和能源产品之上。我们接受的商品和我们送出去的不一样，这意味着供给和需求不仅仅是被货币价值推动的。

美国也会从同一个国家既买入又卖出。美国最大的出口买家是他们最近的邻居们。加拿大在2007年接受了2489亿美元的出口，换句话说就是我们总出口的21.4%。墨西哥接受了1365亿美元，也就是11.7%的总出口额。在此之后，美国从加拿大购买了价值3131亿美元的进口值，也就是总进口额的16.0%，从墨西哥进口的总价值达2108亿美元，占了10.8%的比例。多亏了北美自由贸易协定（NAFTA），在美国、加拿大和墨西哥之间发生的交易大部分是存在于公司内部的，因为企业将同大陆的生产整合到了一起。加拿大是美国最大的出口市场，也是其第二大的进口来源。中国构成了价值3215亿美元的美国进口额，也就是总进口的16.5%，位列加拿大和墨西哥之后排在第三名。

美国以便宜的价格收购（从中国），然后以昂贵的价格卖出到更发达的国家。然而，相对价格并不是由货币决定的，而是被买入和卖出的商品的价值决定的。资本商品（任何用于生产其他商品的商品）这种美国的专长出口商品为生产制造过程添加了极大的价值，并因此依据其特性和优点被定价。基本的消费商品，不论是袜子还是玩具，都倾向于置身在崇尚价格的更有竞争力的市场中。

事实上，美国出口的需求对交易伙伴的收入的敏感性要比对美元自身的波动的敏感性要高得多。北美自由贸易协定的目标之一就是为美国和加拿大的公司打开墨西哥市场，这会给整个大陆的企业提供重组的机会。一个更稳定更繁荣的墨西哥对于美国的商业和政治利益来说都是有正效应的，这也很容易理解。

同样地，如果印度打算扩张经济，那么不论汇率如何，这个国家都将会接受更多的美国出口。 这个国家将会需要更多的资本器械和产业供给。 收入的长期增加对于刺激印度国内需求的作用要大于货币的短期波动。 这意味着推动美国出口的最好方式是鼓励促进世界发展的政策，而不是降低美元的价值。 这同样也将会为在当地生产并出售的美国产品刺激市场，即使贸易赤字并未被改变，也能帮助美国公司。

进口和出口不仅仅是被账单上的标价推动着的。 相反，它们的市场是被替代商品的可获得性、最高的使用价值实现情况以及经济发展政策影响的。 与其他产品相比，有些产品要对价格更加敏感。 这也是为什么美国的消费相对于石油的价格来说不那么敏感，至少在近期是这样。 与之相反，服装价格对于价格十分敏感，还有那些人力集中型的产品也是，这也是为什么这些商品的生产经常被转移到价格更低廉的人力资源的地方去的原因。 当中国工人要求更高工资的时候，更多生产基地转移到了越南。

美国公司因为他们的科技创新和设计而闻名。 欧洲人并没有因为在美元相对欧元贬值的时候就将他们的操作系统换成微软的 Vista 系统；他们出于想让他们的电脑达到最先进的标准而安装了微软系统。日本朋友并不是因为疲软的美元降低了价格中植入的版权税才去买碧昂斯的唱片的；他们买她的唱片是因为他们喜欢这个流行天后的嗓音。

贸易条款

在 2007 年，美国从国外购买了价值 3 488 亿美元的原油、燃油、其他的石油产品和天然气，这些占了总进口额的 17.8%。 由美元计价的石油，是美国贸易和外国政策中的一个重要因素 ； 主要的石油出口国，包括委内瑞拉、沙特阿拉伯以及尼日利亚并不总是像美国那样对全世界都有同样的兴趣。 虽然美元的价值不是一个关键的问题，石油的价格要比美元的更变化无常，尽管二者倾向于向不同的方向变动，更疲软的美元就会对应着更高的石油价格（如图 9.1 中所示）。

虽然对于美国人的日常生活来说，石油仅仅只是市场上众多用美元标价的商品中的一种。 能源和产业商品、稀有金属和大多数食品以及织物都是以美元标价的。 而那些不是以美元计价的商品中的大多数都

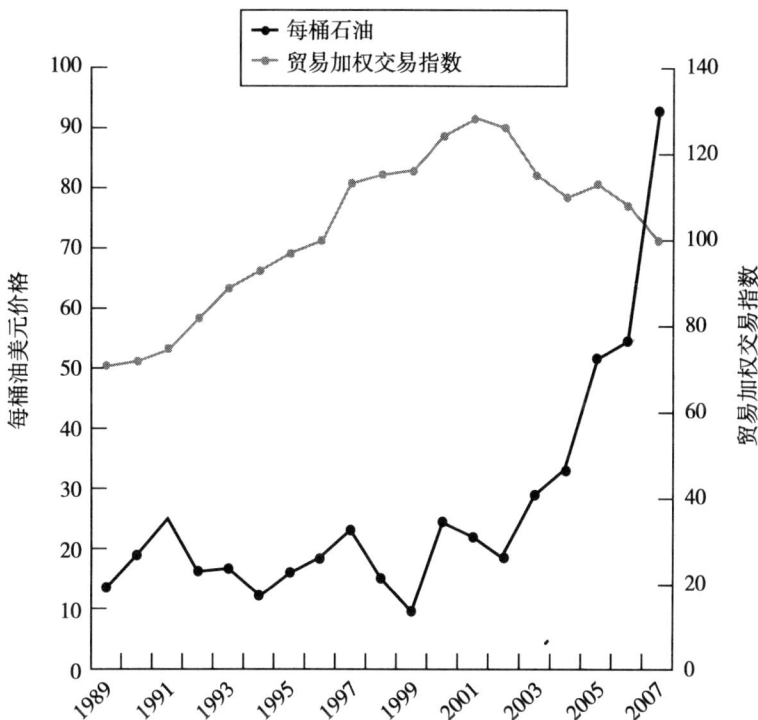

图 9.1 每桶油价 vs 汇率 1989－2007

来源:美国能源部,能源信息分部,世界平均油价,美联储圣路易斯银行,"贸易加权交易指数。"

是用英镑计的。 经常性账户赤字是十分令人厌恶的。

多年来,在历史上大多数商品繁荣之前都有一次急剧的美元贬值。美元的贬值通常与全球通货膨胀联系在一起。 同样的,有的时候,就像在信贷危机期间那样,有些投资顾问会就总的纸质财产的贬值提出警告并指出购买"会搬起石头砸自己的脚"的东西是一个精明的后备选项。

一个城市中停尸房的数量与这座城市中教堂的数量高度相关。 但是二者之间并不存在因果关系;双方都是与第三个因素相关的:人口规模。 有的时候看起来很强的商品价格和美元之间的关系往往只是暂时存在的,并且,大多数时候并没有体现出有因果本性。 农业的价格可能偶尔与美元串联,但是二者都是对类似于强劲的世界发展这样的额外

151

因素做出回应的。

塑造世界经济轮廓的关键关系之一是原材料的价格和成品价格之间的关系。虽然看起来几乎没有任何华尔街上的经济学家或者是政策制定者把这个关系考虑到他们对于全球经济的分析之中。商品价格对于以生产的商品的重要性是那么的微不足道以至于尽管它暗含在发展理论的核心部位，国际货币组织、世界银行以及美国财政部都仍然经常在制定政策指示的时候忽略掉它。它是如此强大以至于在 20 世纪的最后 25 年，如果这个相对价格一直保持在一个恒定的水平那么这段时间将会完全不同。

如果非石油商品的价格相对于生产出的产品价格保持在一个稳定水平，那么美国应该是会有较小的经常账户赤字的。毕竟，美国出口谷物和其他商品到世界上的各个角落。如果那成为了现实，那么外国人购买的美国政府债券将会大幅度减少。与之相反，拥有相对来说较少的自然资源和可耕种土地的日本，则不会经历这么大的贸易盈余。与此同时，资源丰富的拉丁美洲将能够避开很大一部分债务危机，因为它的进口将会为它的初级产品出口更容易地融资。

贯穿整个 20 世纪，原材料的价格相对已制成产品的价格一直在下降。彼得·德鲁克，在 1986 年的一篇刊登在《外事事务》上的学术论文中指出，全球范围内的原材料的价格下降的年平均速率约是 1.2%。之后，何塞·安东尼奥·奥坎坡和玛利亚·安吉拉·帕拉进行了一个调查，这项调查是在拉丁美洲和加勒比海的经济委员会的赞成之下进行的。这项调查总结显示，在 20 世纪的进程中，原材料的价格中的 50% 到 60% 流失到了已制成的商品中。这无需惊讶；设计和生产过程给商品自身添加了更多价值，特别是当产品被设计得更有效或者是更能被持续使用的时候。

非石油商品的价格相对于已制成商品的价格下降是有其他原因的。农业的生产性增长已经到达人们想象力所能及的边缘。当对食物的需求上升的时候，产出会增加得更快。在 1945 年到 1994 年间，美国的农作物产出翻了三倍。农业产出仅仅在 1972－1985 年间就增加了三分之一，同时劳作时间还下降了。通过各种各样的科学技术的其他应用,动物在将谷物转化为蛋白质的过程中变得更加有效率了。 以鸡为例。 在 1900 年,一只普通的母鸡每年下 30 个蛋。 现在一只母鸡每年可以下 250 个蛋甚至更多。 在 1900 年,要花 16 个星期才能让一只鸡长成以适合油炸(重达两磅)。 现在,一只 4 磅重的烤肉用的鸡只需要 6 个星期就可以长成。 在 1930 年,需要超过 6 磅的饲料喂鸡才能产生 1 磅的烤肉。 而到了 1940 年,仍需要 4 磅的谷物。 今天,只需要不到 2 磅的饲料就能做到。 在 20 世纪 20 年代,根据迈克尔·博兰在《杂食动物的困境》中所说的,美国农场上的平均 1 英亩可以生产 20 蒲式耳的谷物。 今天,1 英亩能产出超过 10 倍的这个数字。 这就是生产力。 2007 年末和 2008 年初食品价格的暴涨促进了像孟山都这样的美国农业公司向顾客保证另一次绿色改革将会发生。

生产制造商们也是工业原材料的更有效的使用者。 新合成物、塑料和陶瓷材料代理了更贵的工业原材料,特别是金属。 最成功的钢铁制造厂采用的是铁碎片和铁屑。 无处不在的电子产品中的金属越来越多地被回收加以循环利用。 出于充分的原因,一吨电脑含的黄金比一吨金矿石里的金含量都多。 政府,特别是欧洲政府开始强迫生产商们让他们的产品变得能被更充分地回收利用。

正如农业的情况一样,减少废料推动了效率的提高,也促进了利润的增加。 逐渐地,企业开始致力于减少废料的排除并为其寻找新的用途。 另外,先进的工业化大国的生产制造部门随着生产制造业服务的角色的拓展在国内生产总值中所占的比重稳定下降了。 一个经济体越不依赖贸易商品,价格浮动带来的冲击力就越低。 随着环境问题逐渐在公众认知中出现,并且商品价格泡沫逐渐产生,人们更加严肃地努力利用个人垃圾和副产品的途径,例如热量的用途。 这提出了在制造业中的生产力的另一个高峰的保证,而这个保证在信贷危机的另一个方面看会变得更明显。

如果说 20 世纪的标志是贸易商品实际价值的降低,那么 21 世纪的标志就恰恰相反。 在第一个十年的早期,贸易商品的价格相对于制造出的成品价格上升了。 目前还没有足够的数据让我们将其称为这个世纪以来的趋势的终结,但是,如果事实情况确实是这样,那么它将会对全球贸易不平衡有着深远的启示意义。

有一些因素驱动着贸易逆转条款。 美国、中国和印度的生产制造部门的生产力提升有助于将很多生产制造商品转换成，比如说，贸易商品。 即使是像电脑那样复杂的产品都会被卖到近乎无情的激烈竞争市场中。 在2009年初，印度宣布将生产一个20美元的电脑作为一个国际目标。 中国和印度拥有的庞大经济规模也降低了很多生产制造业商品的每单位生产成本，这个现象从全世界许多地方标价不到一万美元的汽车里生动地体现了出来。 塔塔汽车公司以10万印度卢比的价格提供纳米车，也就是大约2 500美元。 与此同时，在其飞速发展的现代化进程中，中国对原材料贪婪的需求有助于驱动商品价格大幅增长。 一些观察者警告说，中国飞速工业化带来生态环境上的损害可能会迫使中国在未来几年成为食材的主要进口国。

很多商品被开发的过程是建立在先进先出法的基础上，正因为这样，人们已经采摘了那些"垂挂的较低的果实"。 那些靠近地球表层的矿物质已经没有了。 举例来说，为了能得到更多的石油，我们必须进入到更深的水层或者是更密的岩石中，像阿尔伯塔的柏油砂土层那样。 随着提取过程变得越来越强势，这种对大自然的索取会对生态系统造成更多伤害。 环境方面的措施也因此提高了开发和生产成本。

一些贸易商品价格被人为地控制在较低水平。 很多发达的工业化国家，包括美国，通过用财政补贴和其他方式来促进数不清的能鼓励更充足的生产和调校物价的农业商品的生产。 这些措施受到世界贸易组织缓慢但真实的挑战。 对美国棉津贴和欧洲糖津贴的反对之声在官僚系统中发展出了自己的影响力。 如果他们崩塌了，这可以证明要瓦解一种特定的保护主义的障碍，并纠正一些农业商品的价格扭曲是可能的。

如果原材料的价格相对于产成品价格来说上升了，那么那些依赖于贸易商品出口的国家将会享受一个强劲的经济发展高峰，并且可以对促进发展的努力起到协助作用。 尽管生产制造业移民到了发展中国家，它仍然高度集中在9个国家和地区中（中国香港、新加坡、韩国、中国台湾、印度尼西亚、菲律宾、马来西亚、泰国和中国），其生产制造出口额占据了发展中国家总和的四分之三。 巴西，生产制造

154

产品涵盖了从手机到飞机的各个种类，也同样位于世界的食材、纤维的最大生产国之列。 这使得在贸易条款的持续转化中它也处于一个很有利的位置。

经济价值和会计价值

尽管很明显地，外国销售对于大部分美国企业的健康发展和生存状态都是很重要的，但账面的国际销售数据可能有一点误导性。 当企业们为当地的市场服务的时候，他们收获的利润是以当地货币计算的。当美元疲软的时候，就像 2007 年那样，本地货币按会计目的会折合为更多美元，因此会增加利润。 美元的疲软可能会促进企业收入，而实际上并没有真正改变经济活动水平。

美元对账上收入的影响程度并不仅仅是美元价值相对于公司用的任何货币的价值的一个函数或者是它为了通过对冲减少货币数额曝光采用的套期保值策略，它还是这个公司运用的会计手段。 在一般公认会计原则（GAAP）下，企业们可以选用不同的会计方式（颞率法、现行利率法、货币和非货币法）来记录外国货币，而具体选取哪种方式则取决于企业经营生意的方式。 这些对于损益表和资产负债表有着不同的影响。 这意味着同一个行业中的两个公司可以体现十分不同的从货币中获得利润的情况，尽管报告收入受到相同程度的影响。

由于转换的公开影响到损益表，而损益表又是一个公司运营情况的直观体现，我们很容易将转换情况与经济情况相混淆。 二者之间实际上有着关键差异——经济情况影响一个公司的实际价值，而不仅仅是它的会计价值。 对于管理者们来说，这是一件很严肃的事情。

如果他们想要成功地经营这个企业，他们必须理解汇率是如何影响他们的运营情况的。 企业的财务主管可以接受会计账目受到货币波动的影响。 实际上，试图掌控会计账目与汇率相联系对于财务报表的其他部分可能有灾难性的后果。 然而，他们典型地不喜欢很大程度的经济公开。 金融员工们将经济上的公开看成是一个需要被控制的风险。而他们的控制方式也因人而异。

一些公司一经发送声明就会对冲一次货币公开，按远期市场价格出售，以此来锁定汇率。 一些公司对冲预期出口销售的应收账款和在远期市场中收购货币。 国外直接投资策略和用当地的需求服务当地生产的一个优点是它降低了经济情况受汇率影响的程度。 公司对外国子公司创造自然对冲，运用当地货币支出例如工资、供给和房租来使得货币带来的利润变化最小化。

　　由于疲软的美元可能会使得换算后的利润通货膨胀，人们的普遍认知暗示美元的疲软有助于美国的股票市场。 这方面的数据仍不清晰，但已经是最好的了；美元和标准普尔 500 指数在更长时间内串联移动，这与人们通常期望在一个以出口为导向的经济体中看到的现象相反。在最近 15 年，这二者分崩离析的如此彻底以至于很难找出任何有意义的联系（如图 9.2），尽管调整后的数据几乎支持任何说法。

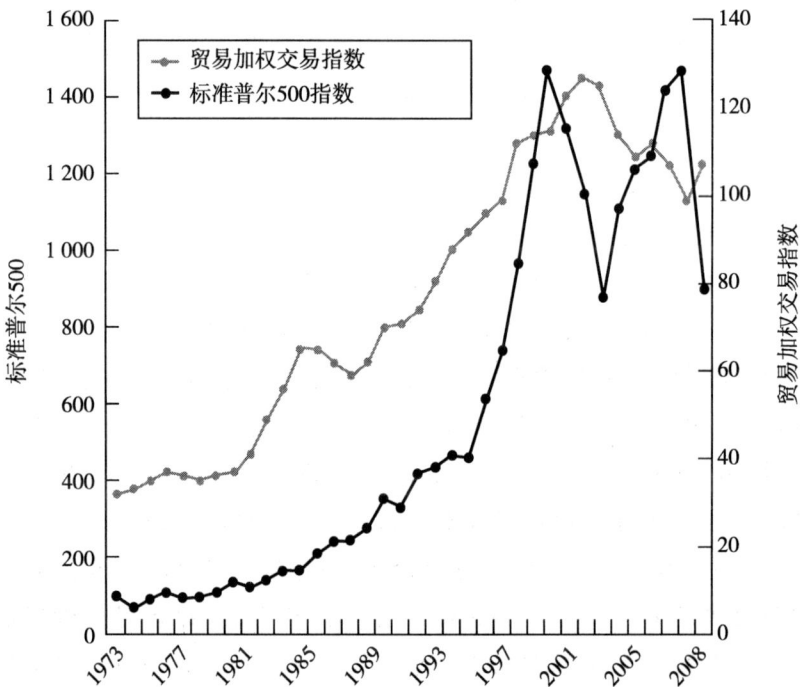

图 9.2　美元 vs 标准普尔 500 指数

来源：美联储圣路易斯银行，"贸易加权交易指数" BLoomberg L. P.

对冲，或者说是一个公司可能会购买的用来抵消货币风险的类保险工具，它本身就可能是一项账上利润的来源。 根据 1999 年通过的财务会计标准委员会（FASB）133 号声明中，公司可以公开那些与进入或流出外汇市场的现金额的具体对冲中的收入和损失。 有能力和悟性的金融管理者们能够利用这些来保护经济利润并与此同时产生一点点额外的基金计入损益表。 对于投资者们，这进一步削弱了货币和公司利润的关系。

汇率和股票市场的关系可能没有那么亲近的另一个原因是，大多数跨境资产组合流中涉到的债券和其他固定收入产品要比股权多得多。外国投资者们，正如我们所见到的那样，更偏好将他们过多的储蓄送到美国，并且他们尤其偏好固定收入投资而不是股权投资。 美国投资者们则恰恰相反，在进行海外投资的时候他们更喜欢股权投资而不是固定收入投资。

美元和公司内部交易

尽管一个典型的美国跨国公司倾向于用本地产品来服务国际消费者，而不是从美国提供服务，它同样涉及很多进出口活动。 当这种交易在一个公司内部发生的时候，短期内或者即期内它都不会受到汇率的影响，即使它是跨越了国家边界。

如果一个剃须刀公司在美国生产剃须刀片，然后将产品运送到一个墨西哥的子公司集中并包装，那么这个墨西哥子公司就算"购买了"这些产品。 他们"购买"的量将会受到整个北美对新剃须刀的需求影响，而不是被比索相对于美元的坚挺程度影响。 当墨西哥集装厂点将剃须刀成品运输到美国出售的时候，美国母公司用更高的价格"购买了"这些产品，但是同样的，现金并没有产生任何流动。 这很大程度上是一个会计账目。 汇率的影响是零。

对于出口的关注从出发点来说就是错的。 正如我们看到的，美国公司并不主要通过出口来服务外国市场。 自从美元还是坚挺的、欧洲工业中心需要重建的第二次世界大战末期以来，跨国策略就一直是一个固定状态。 贸易壁垒提高了进出口政策的成本，同时降低了交通运输成本，提高了交流，带来更好的工业链管理工具，变化无常的外汇价格让公司在本地运营更容易也更重要了。 美国公司内部贸易在 20 世纪 60 年代早期是一个很重大的话题以至于贸易部门的经济分析局决定有必要跟踪观察这些活动的进展情况。 2005 年，美国跨国公司的由大多数持有的子公司的销售额是美国出口额的 3 倍，二者分别是 4.2 万亿美元相比于 1.3 万亿美元。

政策制定者、投资者和学生们应该同时关注外国销售额和出口额来获得关于美国是如何在世界经济中竞争的更全面的意识。 2007 年，45.8% 的标准普尔 500 指数中的公司销售额，大约是 2.3 万亿美元，是在美国境外产生的，相较于 2006 年报告的比例 43.6% 来说是上升了。在某些情况下，这个数字是十分庞大的。 埃克森美孚公司 2007 年的国际销售额为 2 692 亿美元。 通用汽车仅仅在亚洲就卖出了 471 亿美元——该公司的问题是与根植于美国劳动力合约和消费者层面的腐蚀中的长期债务相关的，而不是与美国境外的对其生产的车辆需求相关的。与此同时，标准普尔 500 中的公司对外国政府支付了 1 236 亿美元的收入所得税，这让他们成为除了他们自己的政府之外许多其他政府的收入的重要贡献者。 因为不是所有这个目录中的公司都汇报了他们的国际销售额，实际销售额会比标准普尔公司报告得要高一些。

另一个看待美国在国际市场中角色的方式是观察它的子公司通过外国直接投资建立并收购得到了多少价值、并添加了多少价值到他们母公司所在国家的经济中去（如表 9.1）。 这是有很重要的意义的，在例如巴巴多斯这样在很大程度上依赖于旅游业的小国家的情况中——或者是像例如冰岛和新加坡这样欢迎国际企业的国家的情况下。 即使是对像英国这样的大国家来说，美国跨国公司生产的美元价值和 GDP 份额都是不容小觑的。

表 9.1　美国在国际市场中的角色

国家	GDP（百万美元）	增加值（百万美元）	增加值/GDP（百分比）
巴巴多斯	3 739	2 773	74 16
爱尔兰	258 600	48 594	18. 79
新加坡	161 300	16 560	10. 27
加拿大	1 432 000	114 247	7. 98
尼日利亚	166 800	12 538	7. 52
英国	2 773 000	154 813	5. 58
瑞士	423 900	22 714	5. 36
香港	206 700	10 637	5. 15
比利时	453 600	22 219	4. 90
	26 240	1 261	4. 81

来源:CIA 世界概况,美国经济分析局,"美国的跨国公司:行动在 2006",当今商业调查,2008 年 11 月

尽管疲软的美元可能会对出口、外国销售总额或者股票市场有很大的影响,它可能会影响到对于其他资产的需求。 小道消息说明,美国房地产的外国购买额在 2007 年到 2008 年间美元贬值的时候上升了,直到金融危机铺天盖地席卷了一切。 旅游业倾向于在一个通常稳定的国家经历一次戏剧化的货币下跌的时候增长。 当游人来到美国的时候,他们花销中的一部分但不是所有的部分被记录成服务出口。 2007 年,旅游业是美国服务出口总额 4 972 亿美元中几乎五分之一的来源。

外国直接投资同样也随着外国公司将更多的生产和采集过程搬到美国来而上升了。 从这十年之初到 2007 年末 2008 年初,伴随着美国普遍生产力增长的美元贬值意味着单位劳动力成本相对于外国生产者的优势点来说要更便宜。 一些研究表明,2000 年到 2007 年间,美国单位劳动力价格相对于其他主要工业化国家下降了超过 30%,对于外国公司来说,在这里雇用工人要更有吸引力。 尽管在很多企业实施这样的扩张政策之前,信贷危机需要被解决。

越来越多地,外国公司用本地生产达到他们的美国消费者的需求标准,就像日本汽车制造商那样。 这将他们放在保护主义的墙壁之内,

让他们能够利用更长的美元疲软或者说是日元坚挺期，同时更接近他们的消费者（世界上最大的中产阶级群体）。 2007 年，在美国运营的外国公司占了约 5% 的私人部门雇佣量和 6% 的国内生产总值。

疲软美元策略的危险

危险的迷思在于，如果想要美国停止对贸易赤字的运作，那么一次重大的美元贬值是需要的，但这样也让美国可以维持一个持续的盈余来减少它堆积如山的债务——而忘记整个美国全球化策略的其他部分。但是让美元贬值不能对出口有促进作用，同时还可能会伤害到经济的其他部分。

美国跨国公司的具有改革性的政策更多是建立在外国直接投资而不是贸易基础上的。 把美元保持在一个较低水平夸大了以资本流作为代价的贸易流的角色的重要性。 弱势的美元让追求在本地构建并在本地出售的跨国发展性策略变得更加昂贵了，因为它增加了外国直接投资的美元成本。 它让美国公司获得国际竞争者，在一个发展中市场里扩展一个工厂，或者是雇用了解如何接触一个新顾客群的当地职业员工变得更昂贵了。

取决于其他经济因素，贬值的美元可能会促进美国利率。 这是因为投资者们，不管是国内的还是国外的，都可能想要一个保障来抵消在现金兑换投资的时候货币可能会回到一个更强劲状态时的风险。 一个疲软的美元政策可能会挫美元投资组合的锐气，如果投资者担心美国将会让它的货币贬值。

疲软的美元可能会影响到跨国境的合并和收购政策，以及它们是如何被融资的。 一个疲软的美元可能会提供给外国投资者一个美国实际资产的火速出售，并刺激一下那些经常在表面以下不远处狂吠的保护主义者的感官。 它可能会让这个国家付出一些标志性品牌的代价：安海斯布希公司在信贷危机之中成为一个比利时计划合并的一部分。

如果美元贬值的政治目的是通过让他们生产的商品变得不那么昂贵来同工人们得到分数，那么它可能会以让所有的公司对外国人来说都不

160

贵来作为回击,同时让利率变得更高、增长率更低。 美元贬值可能会导致在一定的宏观经济条件下世界发展更慢。 它可能会导致对美国贸易伙伴的货币限制紧缩,(例如连带减弱对美国产品和服务的需求)。国家通常不会让他们通往繁荣富强的道路贬值,这些国家里面也包括了美国。

更多的是,美元对于贸易优势的真实或者说是威胁性的用途,也就是经济学家们称之为"以邻为壑"政策将会有可能得到分别来自贸易伙伴的回应,并煽动那些经常在接近表面狂吠的保护主义者的感官,特别是在经济发展不顺利的时候。 要接受对于刺激出口的希望是有很大风险的,反正这也更依赖于外国增长而不是美元的价格。

美元的贬值看起来可能会让美国的金融资产在用外汇衡量的时候要更便宜些。 然而,投资者的行动说明的却是恰恰相反的情况。 因为大多数货币比债券要更不稳定,货币组成部分经常是一个未对冲的国际债券组合所得回归的突然增加。 因此,投资者经常偏好于投资外国债券,特别是那些货币在升值的国家。 在贬值的货币经常完全抵消或者是超过可能吸引基金的利率的不同,这也是为什么套利交易在它们失败的时候会如此具有破坏力的原因。

在最近几年,人们担心的是美元将会刻意被贬值,不是为了帮助平衡贸易账目,而是为了降低美国的债务负担。 从投资者的角度看,让一个货币贬值就像是一次隐蔽的违约。 举例来说,假设一个瑞士的投资者花了 1 200 瑞士法郎购买了 1 000 美元并存在当地银行的美元账户中。 然后他又直接通过网上的非竞争性拍卖从财政部买了一个价值 1 000 美元的两年期美国国库债券。 利息是被汇到他的账户中的。 在两年期的末尾,他从山姆大叔那里花 1 000 美元获得了一张支票。 但是与此同时,美元贬值了,所以那 1 000 美元只能买到 1 000 瑞士法郎。 这算是 20% 的损失。 因为美国国库债券很受国际投资者的欢迎,美元的状态就可能会影响到对债券的需求。

这也是为什么首先被财政部秘书长罗伯特·鲁宾在 1995 年提出的坚挺的美元政策很受海外美国债券购买者的欢迎的原因。 鲁宾的前任,罗伊德·本森似乎是用较弱势的美元威胁日本直到日本做出了贸易上的让步。 8 年前，詹姆斯·贝克是财政部的秘书长，看起来他似乎用弱势的美元威胁德国要其做出政策上的让步并降低了利率。 当这种威胁是来自于世界上最大的借债人的时候，投资者就震颤胆怯了。 这两次事件发生的时候都有很猛烈的市场回应。 鲁宾的颂歌最后演化为强势的美元对全美国来说都是有好处的。 他的所有成功都反复强调着这一点，尽管这一点不是永远那么有说服力。

在 1995 年，鲁宾曾授权让美国对货币市场干预过一次。 那是与日本的一次联合操作来卖出美元。 鲁宾亲手选出的继承人，劳伦斯·萨默斯也同样授权过这样的干预，并且其目的也是为了出售美元。 这是为了支持欧元的 2000 年跨国合作的一部分。 乔治·W·布什是自布雷顿森林体系以来第一个不干预外汇交易市场的总统，尽管联邦储备局在信贷危机期间提供给很多中央银行的大量货币掉期交易有的可能会抢占干预压力来通过给那些显然是短期的市场提供美元。

尽管如此，坚挺的美元政策不仅仅是一个空洞的口号。 它向外国投资者和官员传达了一个很重要的信号：美国将不会故意寻求弱势美元来减少它的债务负担，或者是操控美元来达到其贸易相关目的。 随着2007 年和 2008 年上半部分美元价值的降低，欧洲中央银行主席让·克劳德·车臣，经常带有赞赏意味地强调说，美国财政部秘书长重新规划了坚挺的美元的重要性，这对美国来说是很有利的。

考虑如果财政部秘书长说了相反的话可能会造成的伤害。 如果一个美国财政部秘书长站出来说："经过我们的慎重考虑，我们认为我们的批评者是正确的。 如果美元更弱势，美国将会获得更大的利益。"那么这无疑会引发投资者们大量抽出自己的资金。

现实：弱势的美元不会带来出口高峰

如果世界仍然是跟随 20 世纪初的贸易模式，那么弱势的美元会让美国出口相对于德国出口更加便宜，从而帮助美国公司拿到更多的全世界范围的市场份额。 从那以后的几十年内，公司改变了它们进行国际交易的方式。 很多最大的跨国公司，特别是美国的公司，当然也有很多英国和日本的公司都通过直接投资在当地市场竞争，这在有着变幻无常的波动汇率的货币市场中为人们提供了一些解决方法。 实际上，弱势的美元让美国跨国公司想要做它们最擅长做的事情的成本更高，而它们最擅长的事情就是在全世界建立并扩展本地企业。

被刻意压低价值的美元可能会吓坏很多将他们的储蓄投入到美国政府债券上的外国投资者。 面对与日俱增的货币风险，投资者们经常要求一个风险补偿，而在债务市场中，这意味着更高的利率。 这意味着利率可能由这个经济体此时最需要什么来决定。 如果美元的价值相对于他们国家的货币价值有所降低，那么他们的安全投资回报可能会被抹掉或者甚至有可能变成损失。

试图从货币走势推断权益市场动向并不是十分有帮助，或者是有利可图的。 有的时候，货币会影响权益组合，但是这个关系看起来并不会持续保持在一个足够重要的水平好让投资者们能够依赖它。 分析的恰当水平是在公司水平，它服务外国需求的方式和它管理应运而生的货币授权敞口。

最大的跨国公司从各种各样的国家收获利润，自然而然地中和了货币风险的一部分。 弱势的美元并不永远会导致享受更高全球销售份额的公司的出色表现。 同样的，分析师和投资者看起来会忽视将外国的收入兑换成美元带来的影响。

在 20 世纪 90 年代末期，美国政府同时享受着坚挺的美元和股票牛市；新科技的潜力抵消了美国出口的更高价格。 从 2003 年的第二季度一直到 2007 年末，美国的份额一直呈现上升的趋势，而与此同时美元进入了自己的熊市。 随着这个熊市的终结和美元的逐渐变强，股权价格崩塌了。

将货币考虑成一个国家的股票份额并不十分有帮助。 由于汇率是一种货币按另一种货币计算的价格，我们并不是永远能清晰地看到等式的哪一边是驱动力。 2008 年下半年的价格变动是不是能被美元价值的波涛汹涌或者是被英镑、欧澳元和其他货币的崩溃来最好地描述出来呢？

第十章
第十个误区：外汇市场奇怪而充满投机性

未知亦可知。

——唐纳德·拉姆斯菲尔德

　　美元已经在很长时间内变成具有实际意义的国际货币，也因为美国如此强大，美国人并不像世界其他地方的人那么关心外汇。 当然，美元的价值时不时会是头条新闻，但是却没有什么实际内容。 外汇仿佛就是在芝加哥的交易场里穿着色彩斑斓的夹克挥舞着手做交易的看起来挺可怕的东西。

　　事实上，外汇交易市场（即大名鼎鼎的 Forex）已经是世界上最大的金融市场了。 货币本身成为了一种商品了。 比电子讯号还要频繁的巨大交易量使得货币标志、货币本身、面值之间的关系越来越无关紧要。 每天，人们都在交易货币，有时为了盈利，有时为了方便使用。而如今的交易很少在交易所完成了。 外汇市场和股票市场、债券市场不同。 收益强劲、投资者信心爆棚时，股价上涨。 货币价格上涨可能是因为被低估的经济增长，虽然并不总是这样。 在 2008 年下半年，伴随着经济衰退加剧，美元强势升值。 美国从 2003 年初到 2006 年上半年的迅速经济增长伴随着 2003 到 2004 年的弱势美元，2005 年的强势美元，以及 2006 年的再次走低。

有很多因素作用于外汇市场，经济增长率只是其中一种——而且并不是特别强的一种。 有时，高利率伴随着货币升值出现。 澳大利亚属于这种情况，澳元在危机之前和危机中一直处于上升位。 但是如果高利率确实是强势货币的标志，就不会有货币贬值现象存在了。 事实上，传统的经济学看法是高利率基本上是弱货币的标志。 高利率的存在并不是因为政府的慷慨，而是来自于对投资者通胀损失、政治风险和无效政策的补偿需求。

欧元出现之前的爱尔兰的货币危机能说明上面的观点。 1993 年，爱尔兰享受着很舒服的宏观经济条件——低利率，一点点贸易赤字，以及增长的流动性储备。 然而在英国英镑大幅贬值之后，爱尔兰的竞争力急速下降。 贬值谣言四起。 隔夜利率上涨到惊人的 1000%。 但是，这是年利率的上升，对即使是很小的贬值的作用寥寥。 事实上，出现了高达 10% 的贬值。

外汇市场十分巨大：在全世界范围内，价值 3.2 万亿美元的货币在进行交易。 这个数字的惊人程度只能用一些描述来看清。 略高于一周的资金周转可以使得外汇市场为全球贸易提供充足资金。 当周转的时间扩张到略低于一个月，外汇市场的货币流量够买下全世界一整年的总产出。 贸易流通和全世界产品、服务的产出深陷资本流动之中。 每天，进口者、出口者、投资者、投机商和普通旅客都需要换汇以维持生计。

这样的交易很少发生在机场外汇交易台。 实际上，这些交易在银行进行，并涉及不仅仅包括硬币和纸币在内的不同的金融工具。 有些交易是具有交接性质的：例如一个美国的电脑公司想购买一家台湾公司生产的半导体芯片，如果用台币计价而不是美元，它必须将美元兑换成台币然后将其汇入卖方的银行账户。 另一些交易是对冲性质的，或者是为了锁定将来支付的价格。 为了确定在结算时的台币汇率，一个美国公司可能选择使用期货合同来锁定 45 天后向芯片制造商支付的美元价格。 这种"滚动"的期货位置是巨大的每日外汇周转的一部分。

外汇贸易额的另一个推动力是原始投机，即赌博性质的交易。 投机者们假设在某一价格下，其他人不愿意承担货币风险。 他们则有意承担风险，目标是通过投资管理获利。 例如一家对冲基金，在了解欧元和美元相对价值差额之后，可能决定尽可能多地介入欧元，然后将其换成美元，并投资在美国国债上希望能够比到期时偿付欧元更多的收入。

投资者们，包括一些投资方面的专家，容易低估外汇市场的重要性。 如同之前提到的，货币的价格有两种：作为借入货币价格的利率，以及持有一种货币而非其他的汇率。 全球化要求企业和投资者将汇率看的和利率一样重要。 审慎投资要求意识到由货币价格波动带来的风险和收益。 这一波动影响利率、商品价格和人们的工作机遇，即使它们从不会变现如今也不打算这么做。

为什么货币有价值

尽管美元的价值经常在新闻中被提到，在金融类出版物中也有显著地位，人们对它的理解在整个资本市场当中可能是最少的。 外汇兑美元利率如何决定？ 简单的回答是供给和需求，但是问题并不只是这么简单。 当人们购买了一只股票或一只债券，人们获得了可被模型化的对这一产品未来现金流的索取权。 一个分析师可以坐下来计算出这个公司明年盈利多少，成本可能有多高，它能付多少的红利，然后算出未来一年以及之后的红利的现值。

在货币的原始形态中，它不具备任何收入流，也因此没法计划或者贴现。 它们不再代表对金银的索取权。 货币的估值和外汇市场的其他资产相比似乎更加难以处理。 货币具有现实客观的存在这一点并没有起到什么帮助。

在布雷顿森林体系下，主要工业化国家的货币价值间接地通过美元联系到黄金价格上去。 有些人鼓动回归金本位，但这对大部分国家来说并不是件好事，包括美国。 这个想法也不太现实。 考虑到交易量的巨大和资本流动，世界上的黄金全部加起来也不足以支撑现代货币。

新的金本位会导致国际性的通货紧缩和经济萧条，从而使信贷危机看起来像一场拙劣的彩排。 它可能会使生活水平的提高出现倒退。 这种倒行逆施的增长模式和美国带有基础性和历史性的经济政策是相违背的。

很讽刺的是，美国历史上最为著名的演讲之一就是提醒人们金本位的危害性的。 在他的 1896 年"黄金十字架"的演讲中，威廉·詹宁斯·布莱恩在庆祝他三次被民主党提名为总统候选人的首次演讲时，向华盛顿的掌权者提出以下警告： "你们不应该按下荆棘下象征劳动的眉毛，你们不能将人类钉在黄金十字架上。"他深刻地理解到金本位会削弱美国经济。 今天同样是如此。

购买力平价

很多当代的经济学家如今几乎只关注价格问题，而忽视了价值问题。 传统的汇率估值理论关注汇率如何使其他宏观经济因素实现均衡，例如利率或通货膨胀率。 如果汇率被固定了，经济中的不稳定因素会产生改变这一固定水平的压力。 浮动货币，与之相反的，和一个多世纪前约翰·海思考如何与中国交易时所无法想象的开放的世界观紧密联系在一起。 在浮动利率制度下，一国货币相对别国价值的变动会影响宏观经济政策。 而这与固定利率模式下的情况是相反的。

一个常用于汇率定价的理论是购买力平价（PPP）。 在它的绝对形式中，购买力平价说明商品在一个国家的成本和在另一个国家货币汇兑后的成本应该完全相同。 这在现实中很少发生。 但是，PPP 的另一种形式，相对形式，则关注收入和通货膨胀的水平以估计货币的公允价值。 很多年来，经济学家发展了很多复杂的考虑了国际结余的模型。购买力平价，在经济学家看来，是长期内货币可以收敛到的水平。 还有另一个水平也是货币会在其周围收敛的：长期移动平均。 事实上，一个十年移动平均经常被看成购买力平价的准确预期，无论收入和价格如何变动。 尽管有很多例子中货币向购买力平价指数靠拢，也有很多例子中——主要是日元——购买力平价指数向货币名义价格移动。

尽管购买力平价被用来作为度量汇率价值的标志，货币比 PPP 中使用的产品和服务价格，以及/或者单位劳动成本的波动都要更大。 一

168

个外汇市场具挑战性的特征是能在短期或者中期影响货币价格的变量数目。 我们很快就会发现，浮动通货和购买力平价理论中得出的价格水平在数量和周期上的差别之大使其对投资者和交易商来说基本没用。

价格驱动器

和中期趋势有关的因素的巨大数量可能会使投资者和政策制定者手足无措。 一个对一般环境的理解可以通过一个简单的方法获得，即将各种因素分成两类：货币政策和财政政策。 我们对他们发挥的作用的兴趣落在他们的结合上。 和货币升值相关的混合政策需要收紧的货币政策和宽松的财政政策。 也就是说，如果中央银行踩住刹车，而政府踩住离合器，货币价格会受到上涨压力。 这正是罗纳德·里根和保罗·沃尔克在 20 世纪 80 年代初所进行的让美元在几年内获得显著复苏的实践。 德国在柏林墙倒塌后使用了类似的策略。 西德对东德的杠杆收购和之后的政府财政刺激伴随着紧缩性的货币政策造就了 20 世纪 90 年代初的马克升值，这反过来加强了欧洲关于建立经济和货币联合体的决心。

相反的一种政策混合，即紧缩的财政政策和宽松的货币政策，则经常被和货币贬值联系在一起。 1993 年克林顿推行的税收增加和为了减弱存贷危机 20 世纪 90 年代初的萧条而推行的随和的货币政策相结合，迫使美元价格下降。 德国混合政策和美国混合政策的结合可以帮助我们理解当时在外汇市场的令人难以想象的波动，在那个过程中德国马克和美元分别进入上升和下降轨道。

尽管政策混合可以帮助我们鉴别中期趋势，但是它无法完全解释价格的波动性和易变性。 其他一些因素推动了短期的波动。 提供一个综合的因素列表，或者提出一些交易或投资工具或许可以简化这一问题，但是我们的目标并不在此，而是希望能够提供一个关于影响价格的宏观经济因素的综合看法。

为了说明影响货币价格的动力和条件，考虑基本的投资策略或许能有所帮助。 在外汇市场上有三个核心策略。

套利交易是第一个核心策略。 交易商和投资者在低利率借入货币，然后通过购买一个高利率货币将其出售，或者是使用借到的货币来购买比借款利率更高的收益率的资产。 为了在任何有意义的方式下实现套利可能意味着投机商和投资者在短期内不会采取这样的策略。

这项政策的吸引力大小和特定的宏观经济条件紧密相关。 通常一个强风险偏好下人们愿意在高收益率时买入，这根据定义意味着高风险。 利差必须大而稳定。 在货币市场不太波动的时候，套利交易通常能大行其道。 而这些经济条件在信贷危机前几年基本都出现了。

在危机之中，完全相反的经济情况出现，和套利交易完全相反的交易，被戏称为"风险厌恶"交易，在外汇市场中普遍出现，但是它也可以被理解为第二种核心策略："顺势而为"，或者是"趋势追随者"。在这种策略下，交易商试图通过在购买一种货币后的几分钟、几小时、几天或是几周内以迅速高价转手的方式获得快速的收益，具体是哪一种则根据其期限结构。 这些趋势追随者属于看到火车要出站就立马跳车的那类人。

趋势投资者会对关于宏观经济发展的支持或否定价格趋势的新闻或谣传作出反应。 他们单纯地想买涨卖跌。 很多种市场心理的度量方法被使用。 趋势交易者还经常使用技术工具，它们帮助投资者鉴定趋势，量化风险（鉴定投资失误和设置损失上限），计划价格目标。 他们通过研究过去的价格预测未来价格走势，而不是像经济学家那样分析宏观经济变量。 在极端的情况下，这一策略似乎已经进入了算卦和占星的范畴。

第三种也是最终的核心策略是均值回归。 这个策略基于以下想法：货币价格会像购买力平价指数或者其他价值度量移动。 尽管我们并不准确地知道，我们可以认为将货币价格和其价值联系在一起的松紧带只能被延伸到一定范围内。 和趋势策略要求的买涨不同的是，在均值回归交易中，人们只会购买不景气的或者别人正在出售的货币。

一些交易人使用一些短期手段，例如100天的移动平均，或者在移动平均周围按标准差决定的区间。 这促使了更多常见的交易机会。 根据购买力平价的均值回归策略很少见，因为它们要求极端价格。 根据定义，这通常不会发生。 但是这确实在2007年底发生了。 根据购买力平价度量，美元贬值如此严重以至于出现了史上未有的对欧元（之前是马克）、英镑、加元以及澳元的低汇率。 和美元一样，日元在 2006 年底出现了被极端地低估。

得益于后知后觉，现在我们能清楚地看到美元的广泛使用（以及没有那么广泛的日元），作为融资货币在很多构成过剩流动性的套利交易中出现，导致美元以极低的价格被交易。 具有嘲讽意味的是，伴随着信贷危机的深化，在 2007 年末，更在 2008 年 6 月之后，大部分主要货币开始在那一年底回到购买力平价水平。

有几个对宏观经济的考虑能够影响外汇价格的方向。 一个将它们归类和记忆的方法是"4R 法则"：风险、萧条、利率和资源。

主动参与货币市场的人有时愿意接受比其他人更多的风险以在趋势中投机。 在一个更加厌恶风险的环境里，投机商对收益的兴趣不如对安全高。 稳定是相对的：在金融危机中，虽然问题在美国扩大化，美元仍在升值。 瑞士，人们眼中的避风港，和其他欧洲国家相比，习惯在做杠杆和承担风险时采取较软的通货，在向金融危机迸发的过程中亦是如此。

导致一个国家发生萧条的因素，和对它的政策应对可能会拖累货币。 在经济减速时期，中央银行可能会降低利率，这可能会导致或者同时发生货币贬值，根据背景而定。 这样的货币政策会导致经济活动减少和疲软的货币。 然而当美国经济在绝对项目上减速，并影响它的一些主要交易伙伴时，美国贸易赤字却在改善，很多人想让我们相信这是对美元有好处的。

利率确实会在外汇市场发挥作用，但是可能并不是线性关系。 这就是为什么人们不能单纯地从利率中获得货币趋势。 差不多所有重要的因素都与外汇市场相关。 利率在其中的作用并不在于它的数字和其他国家的数字有多大关系。 更何况，很多高端的数量工作表明，利差并不是货币变动的合理的预测依据。 这是因为在商业或信贷周期的某些部分利率和汇率的相互关系比周期中别的部分要强得多。

分析的资源部分让人思考一个国家在劳动力、土地和资本上的禀赋。 它包括对汇率的鉴定并反映了一个国家拥有什么以及如何使用。

这是决定一个国家在开放世界的国际贸易中占多少比例的经济实力。
而且它与商品无关。 它包括我们之前观察的一些因素，例如需要多久
能开始一项商业活动；注册资产有多难，法律体系和产权的透明度和公
正度，等等。 当考虑到自然资源时，许多，即使不是大多数，依赖基
本资源开采和商品生产的很可能是贫穷的国家，并拥有疲软或波动剧烈
的货币。 将货币钉住美元的中东石油生产国是值得我们关注的意外。

玩家和他们的影响

外汇市场的重要性比它的大小更为巨大。 它是国外投资收益的重
要组成部分。 学术研究表明，货币价格的变动在国际股权投资组合收
益中占三分之一，对国际债券组合收益来说则高达三分之二。 因此，
在美国的大型跨国公司进行投资的投资者会间接地保有货币头寸。

戏剧性的是，货币市场这个不仅是最大的资本市场同样也是国际化
的核心市场上的价格，可能并不是按照我们所假设的，以最大化利益的
买方和卖方决定的方法定价。 原因有很多，即使不是大多数，每天以
万亿计的外汇交易者们并不试图在外汇市场最大化他们的收益。 他们
在最大化收益的时候单纯地不把货币看成投资目标或者受益机会，而仅
仅是需要被对冲的风险、需要被固定的成本或者仅仅是用来购买另一项
金融资产的交易工具。

机构投资者是对冲者。 货币头寸是不确定性，而不确定性本身是
有成本的。 公司发现自己难以通过增加产出、客户服务或者类似的方
式增加产出时，高管们也不愿意做类似于在货币方向上下赌注的事情。
再者，刺激结构具有这样的特征：在没必要时作出对冲决定比在应该对
冲时却不作的决定要受到更宽容的对待。 对投资者来说，货币风险最
好在一个有规则的慎重的方式下去处理。 但它并不是受益机会。

股权投资者对货币的看法就不只是购买国外股份时的交易工具了。
一些国际性股权基金完全或部分对冲他们的资产组合中的货币风险，但
是在大多数情况下，他们属于少数派。 固定收益经理们更多地在通过
互换市场或者别的衍生品市场购买他国债券时对冲货币风险；他们只是

想抓住利率，而不是支付的货币价值。 中央银行业在外汇市场中进行交易，但是他们所依凭的政治和经济动机不应与单纯的寻利行为混淆。

交易货币

外汇市场参与者中将其看成潜在的获利机会的人并不太多。 这一部分人主要由投机商、对冲基金、交易商和银行的自营交易员组成。 尽管外汇交易获利颇多，银行也并不会通过试图领先市场来赚钱。 他们会采取古典方法，通过买卖利差、购买价、卖出价、高质量和内部信息盈利，在这一点上和他们的客户并没有差别（换句话说，订单交易）。

在股权市场上，客户活动属于内部信息，使用它进行交易是违法的。 但是，外汇市场相比之下大多未受管制（银行需要服从适当资产条例，上市货币衍生品合约也受到监管）。 如果银行交易者不使用从客户活动中获得的信息而影响它们自己的评估和银行的风险头寸，他们并没有最大化自己的机会。 它们的经营表现会体现出这一点。

货币市场可能会给那些想花时间学会如何交易外汇的人提供对盈利机会的保证，因为很多别的参与者并不试图最大化收益。 但是，因为外汇市场的天性，个人投资者因为信息不对称性的存在可能有很明显的劣势。

个人投资者拥有获得公共信息的渠道，而且相对成本较低。 这些公共信息包括新闻、宏观经济发展、政府数据和外汇期货中得到的市场定位数据。 价格也是容易获得的。 个人投资者所不具有的信息则是关于谁在买入、谁在卖出、买卖多少的数据。 银行交易者有方法获得一部分这样的信息。 他们收到的订单，是私人信息的重要来源，也是发现盈利交易机会的主要手段。

不是每个人都能仔细分析并理解他们得到的公共信息。 银行雇用数百名经济学家、分析师、数量工程师和金融工程师。 有些还经常包括美联储和财政部原先的官员。 艾伦·格林斯潘在退休后成为了德意志银行的特殊顾问。 一个人如何分析公共信息本身是私人信息。 没有这种分析方式，个人外汇投资者可能会有另一类的比较劣势。

还有一个原因使个人投资者很受伤。 对冲基金、银行和其他金融机构的自营交易员经常了解并能使用一些小投资者根本不知道也没法使用的金融工具和风险管理道具，即使他们能理解这些工具。 很多个人投资者还面临着额外的障碍。 他们没有足够多的资金以保持市场头寸，只能伴着外汇市场的波动随波逐流。 他们是资本不足的，如同打扑克时捉襟见肘的玩家。

然而，个人投资者容易被一些电子交易平台提供的杠杆金额所迷惑。 在这个领域的经济模型具有很多不确定性。 一些平台在金融危机前为优质个人投资者提供 100∶1 的杠杆，甚至更高。 这种类型的杠杆无异于自杀；再精明的对冲基金也不会去买它。 这甚至不是赌博——在其中的破产风险通过交易被避免——这就是在买彩票。

即使是 50∶1 的杠杆，一个两个半分点的逆向移动就能毁掉一个投资者的全部资产。 除此之外，一些外汇市场平台自己也做货币交易。它们得到的买卖订单的总量成为它们的私人信息的一部分。 它们做的投资并不总是和它们的客户一致。

在某种意义上，这些电子交易平台代表了资产市场的民主化。 在20 世纪 70 年代，外汇交易是银行、金融机构和大公司的地盘。 20 世纪 70 年代后期，芝加哥商品交易所开始交易外汇期权，与猪肚以及活家畜期货一起。 货币期权在费城股票交易所交易，现在是纳斯达克的一部分。 货币期货的未结权益（期货合同在交易期结束时未结算的适量）的交易量比货币期权更高的事实说明，货币期货是程度更高的投机者市场，而期权市场是程度更高的对冲市场。

近些年，一些像股权一样交易的货币产品被创造出来。 其中比较成功的有 Rydex 货币股份信托外汇交易基金组合，它使得个人投资者参与货币市场变得简单了。 这其中有主要外汇的货币股份，例如欧元、英镑和日元；也有一些二级货币，例如瑞士法郎和瑞典克朗；以及一些新兴市场货币，例如墨西哥比索和俄罗斯的卢布。 作为股权，美联储设定的外汇交易基金的最大杠杆是 2∶1，允许 50% 的差额。 这对比较高端的或者冒险的投资者的货币股份有效。

个人投资者是美国以外的因素，而且他们的活动经常影响货币整体

174

趋势。 日本的个人投资者参与到外汇交易中试图击败本国的低资本报酬率和股票市场收益。 日经一直是一个被低估的股指，即使在日元贬值很严重，企业利润却创纪录的时候。 因此，日本的个人投资者参与到日元套利交易中，卖出日元买入高收益货币，例如新西兰元和澳元、南非兰特以及美元。

货币和危机

如今的全球化经历过几波初生的痛苦。 最早的是墨西哥 1994 年到 1995 年、亚洲 1997 年到 1998 年，以及俄罗斯 1998 年的一些危机，之后则是阿根廷 2001 年到 2002 年的危机。 在某种程度上，这些危机是由原先在拉丁美洲、亚洲和俄罗斯的固定汇率体制突然转变成流动性更强的浮动体制造成的。 第二波则是 20 世纪 90 年代末的技术泡沫，造成了更加集中的生产以及商品服务分配的国际化。 正如托马斯·弗里德曼在《世界是平的》这本书中发现的那样，光纤网络降低了国际化的价格。 突然，很多美国白领的工作可能被愿意拿少得多的薪水的印度人抢走，这是一个破坏性很强的主意。

2007 年的信贷危机标志了第三波。 某种程度上这些金融灾难正如海曼·明斯基描述的传统的"繁荣到衰退"危机：一个拥有稳定和持续资产价格增长的世界产生了相反的东西。 持续的稳定性本身是金融不稳定、定价错误风险以及它自己缺乏理性的兴奋和过度交易的来源。

这次的金融危机，是第一次产生于那些被作为金融进化的必经步骤的市场的危机，包括信贷衍生品、住宅抵押贷款和杠杆借贷。 这些金融创新本来是为了平摊风险以此来鼓励经济发展；可是，他们用从未被考虑到的方式集中了风险。（担保债务凭证的担保债务凭证，谁能想到？）

尽管出现了这些风险，国际经济和金融体系展示了强大的恢复能力。 市场从过去的问题中迅速恢复过来，在危机之后的很多股权市场中创下新的纪录。 这其中暗含的波动性，特别是在股权和货币市场上走高，但是之后又迅速地降了下来。 很多人认为这种偶尔出现的来回

175

波动是短暂的、逆势而行的现象。 投资者和投资商看到市场衰弱时，他们会看成买入机会并在低价抄底（通过完备的杠杆），并将价格带回高位。 这在失效前一直会有用。

信贷危机形成了很重要的一个分水岭。 不再有缓冲先前市场下跌的买入，一部分是因为信用的缺失，另一部分原因在于之前带头买入的金融机构在危机中受创最重。 尽管很多人很晚才能意识到，信贷危机是系统性风险的实现———一个低概率影响大的事件。 和认识到信贷危机的原因以及使它实现的条件同样重要的是，我们需要明白这并不是一次货币危机。 美元没有大幅迅速贬值。 2008 年中期以后的政策行为并不是为了应对美元疲软。 事实上，是因为美元的强势，体现在严重的短缺和美联储通过大量同外国中央银行的货币互换来解决这一问题上。

货币和多样性

关于国际资产市场是否应该和美元市场广泛脱离展开了激烈的辩论。 这一问题对投资者和资产管理公司同样意义重大。 不同类的资产、每一类资产内部都具有很强的相关性。 在金融理论中，多元化使得投资者在同等风险下比投资在任何一种资产上可以获得更高的收益率。 投资者应该寻找的资产相关性越低越好。 原理是不同资产的涨跌可以相互抵消。

说起来容易做起来难。 国际化的一个方面就是，资产市场一体化程度提高。 多样化很难实现而信贷危机使之更加困难。 到了 2008 年底，任何东西看起来都走势相同（下跌），而且是以非常可怕的速度。

在 2000 年，摩根士丹利国际资本（MSCI）的欧洲、澳大利亚和远东基准指数（EAFE）以及标普 500 的相关性约为三分之一。 十年之后，五年 EAFE 和标普 500 指数的相关性高达 93%。 这比 200 年罗素指数和标普 91% 的相关性还要高，这两者都集中在美国市场。 美国的股票投资者没法通过 EAFE 或罗素指数发现多样性。

2008 年底，MSCI 新兴市场指数和标普 500 的相关性约为 70%，巴西的 Bovespa 指数在一周内的尺度高于 75%。 新兴市场也不能提供多少多样性。

即使是在别的投资空间上，也很难发现多样性。 许诺不只是超过指数的绝对收益以获得高额酬金的股权对冲基金和标普 500 指数，从 2000 年到 2005 年几乎翻了两倍。 为了获得多样性增加收益，一些资产管理公司开始在更远的地方寻找机会。 标准普尔边境市场指数，追随中东、非洲和其他的一些滞后于新兴市场（如巴西、印度和中国）的市场，追随标普 500 的速度在四分之一周期左右。 2000 年以来，边境指数回报率约为 MSCI 新兴市场指数的三倍，与此同时标普 500 变化不大。 但这些市场本身不大，所以不是很适合大多数投资者。 而且，研究美国市场和边境市场在 2008 年底的表现，在一段时间后非洲和中东市场与标普 500 的相关性就高达 80%。 外汇头寸可能是为数不多的让投资组合多样化的方法之一。

美元在 2000 - 2001 年度，进入了周期性的熊市。 在熊市之中，2005 年美元有了一项逆趋势的进步。 它被部分地联系到一个允许美国公司用 5% 的税率为国外收入计税，而不是通常的 30% 的税率的减税期。 尽管可能有几千亿美元因此被省了下来，这一事件对美元的作用可能被夸大了。 美国公司经常将它们的大部分国外收入留存于美元计价的证券中。 无论发生了什么，在 2006 年初美元的下降趋势停止了。

美元对主要外币连续多年的贬值可以理解为美国在 20 世纪 90 年代末美元升值平仓。 同样的，用事后聪明来看这件事，美元贬值不全是好事。 美元贬值在某种程度上是 2007 年国际杠杆被提到极高程度的原因之一。

数据中体现的十分清晰的一点是，美元贬值并不是中央银行储备多样化的结果。 正如我们之前看到的，没有令人信服的证据说明这一事件在总量级别发生。 美元贬值并不是美国经济的竞争力下降的结果。 从一些宏观经济计量数据（例如人均 GDP 和生产能力增长）来看，美国经济仍然非常具有竞争力。 美元贬值并不是美国贸易赤字扩大化的结果。 即使是在美元迅速贬值的 2007 年和 2008 年初，贸易赤字一直在缩小。

来自欧洲、韩国、巴西和俄罗斯这些完全不同的地方的企业、银行和个人都借入了美元，然后在国内将其重新用于投资。欧洲银行资产负债表增长现在已经是按照美元结算。投资在商品和新兴市场上的对冲基金经常利用美元融资。美国本土投资者通过卖掉美元，然后投资在国际共同基金、美国存托凭证和在美国市场交易的外国公司上，试图获得可得到的海外的高收入回报。在最高的时候，大约有20%到25%的美国股权投资是在国际市场上的。

这些活动都体现了美元的贬值压力。即使是油价上涨也会使美元贬值，而不一定是经常被提到的宏观经济问题或者结构问题。存在这样的关系：很多大型投资者使用短期美元空头来为购买石油和其他商品、购买欧元或维持其他投资而融资。一些研究其中的相关性的分析师提到，在欧元和油价之间经常有类似因果关系的关联存在。二者确实是相关的，但是是跟第三个因素（美元作为融资货币的使用）相关。

美元在信贷危机恶化时的迅速回升在很大程度上是十分剧烈的、戏剧化的、持续性的去杠杆化的杠杆结果。危机中的一个方面是出现的全球性货币打补仓。美元像其他融资货币一样被升值了，同理还有日元，以及提升程度较小的瑞士法郎和港币，伴随着之前的空头位置被填补上。

美元为什么是如此重要的融资货币？一些人会归功于格林斯潘治下的美联储异常和长期宽松的货币政策。虽然这无疑是部分原因，但美元的重要性并不仅是由美国本土的因素造成的。美联储在过剩的流动性堆积起来之前便提高了利率。美联储没有怎么控制的长期利率也比经济学家根据当前宏观经济形势得到的预期要低。这便是格林斯潘的"谜团"。

伯南克用剩余储蓄的概念解释这一谜团，这反过来突出了信贷危机的国际层面。1997至1998年的亚洲金融危机之后，很多那个区域的国家开始实行庞大的经常账户盈余。除了出口收入外，还有投入本国股权市场的国外资本。中央银行、主权福利基金和私人部门机构回收了无法完全被国内市场吸收的储蓄。

其他用于融资的货币和其他国家有时利率更高的资产泡沫，帮助说

178

明了美国的财政政策并不是信用危机的主要原因。 再者，美联储在短期利率上影响最大，并从 2004 年中期开始推行紧缩政策。 到了 2006 年，联储基金目标利率是 5.25％，这比其 10 年平均和 15 年平均都要高。

现实：外汇提供了投资机会

货币市场比资本市场的其他任何部分都要大。 在全世界每天有价值几万亿美元的货币被交易；每周有足够购买全世界一年所生产的全部产品和服务的货币流通。

尽管很多人用交易核算作为衡量一种货币实力的方式，这一手段掩饰了交易只占货币市场很小的一部分的事实。 贸易赤字并不能解释为什么美国保持了一个强势的经济；外汇市场的非贸易性流通为这个问题的解答提供了方向。 人们购买和出售货币作为投资活动的一部分。 国家购买和出售货币作为储备活动的一部分。 公司购买和出售货币以对冲本地市场投资的汇率风险。

虽然有那么多的活动，货币交易看起来总是很奇特。 一个可能的交易方式是，一个用杠杆在不同货币间套利的对冲基金，使用第二代或者第三代的衍生产品。 但是大多数货币市场活动是十分平常的。 货币交易十分受个人投资者的欢迎（尽管这个趋势本身是导致信贷危机的情况之一），他们中的很大一部分并没有意识到货币交易不只是像平坦化的风险那么简单。

除此之外，除了直接交易货币，个人投资者可以通过购买拥有国际业务的美国的大公司的股票、国际股票或债券、货币市场共有基金、商品交易工具、基于货币的外汇交易基金或者外汇银行信用违约掉期的形式来承担外汇头寸。 这些能为他们提供大而有力的外汇交易市场的多样化优势。

第十一章
总结和对未来的思考

美元一切正常。

人们对金融市场有很多担心，对世界经济也是如此，而在这一系列
担忧中，对美国贸易赤字和美元的担忧应该是最小的。 这个观点一定
很震惊！ 当然，如果关于贸易和贸易核算的传统认知没有与时俱进，
没有和跨国企业的管理和世界经济同步，它一定是错的。 如果我们看
看当今的对外贸易和国际经济体系，我们会发现一些非常明显的变化：
在过去，强国出口，弱国进口，一般的投资者只在本国进行投资；而正
如我们在前面几章看到的那样，21 世纪的国际贸易并不是这样运行
的。 可是如果投资者和政策制定者意识不到这一点，他们的决策将会
是错误和不利于经济发展的。

大致有两个阵营的观点：认为美国进入长期衰落的和否认这一点
的。 冷战结束时的必胜心态已经不复存在了，取而代之的是各国对美
国前途的疑虑：美国迷失了吗？ 它将会被赶超吗？ 次贷危机和美国政
府的巨额债务强化了这些疑虑。 如果采用以往衡量经济成功的指标，
美国显然处于衰退了。 但是我想说的是，有的指标已经过时。 美国仍
然是最大的和最有影响力的经济体。 本书的观点是：美国的商业扩张

策略丝毫不错，它正在发挥作用。

贸易赤字和美元

出口是否大于进口是传统上衡量一个经济体是否成功的指标，尽管亚当·斯密早在两百多年前就已经批判过这一观点了。 美国处于逆差状态已经多年。 这已经成为世界经济结构性的一部分，而且自20世纪70年代以来不断在模式化。 人们已经习以为常——只要美国公布其贸易数据，那一定会是赤字。

真正有意义的指标——人均GDP和人均生产率，美国却占了上风。 即便在次贷危机的时候，美国依然是充满生气和创造力的国家。美国的总部经济依然控制着很多全球高地。 美国是当今世界上唯一的军事超级大国，尽管在伊拉克和阿富汗的战争消耗巨大。

在全球金融危机中，美国的领导也一度是关键性的。 美国金融市场的广度和深度不次于任何经济体。 在次贷危机最糟糕的时候，美国国债市场还是给资本提供了一个安全港。 在整个次贷危机中，美国官员还是一如既往地经常采取一些牺牲短期利益但可以抑制危机深化的措施。 另外，在此期间，美联储与其他一些国家中央银行的扩张性货币互换也弥补了美元的不足。

投资者和政策制定者需要换一个角度去思考货币和贸易政策。 首先，政策制定者需要仔细考察贸易的所有权基础，而非传统的仅计算跨境流动的收支平衡。 目前在这方面已经开展了一些工作，美国经济研究局每年会公布一份报告，用于补充传统贸易收支核算的不足。 它指出了美国企业扩张战略的两个重要方面：本地生产和本地销售，内包贸易。 这份报告集中于所有权而非商品和服务的跨境流动，在生产和分配国际化的现实下，这当然是有意义的。

贸易对货币的需求和供给的影响是重要的，但绝不是唯一影响因素，甚至不是主要的影响因素。 跨境资本流动的影响力要大得多。 出口不是美国企业满足国外需求的主要方式。 美国跨国企业的外国分支的销售超过出口四分之一。 日本的汽车制造企业也采取类似的战略以满足美国市场。 的确，日本出口汽车和汽车零部件，但其在美国制造、由美国工人组装的汽车的销量才是主要部分。

大部分的国际贸易发生在企业内部。 具体到美国企业，不同步骤的生产流程之间就会发生企业内贸易。 出口零部件而进口产成品是美国在北美自由贸易协定下的贸易模式，生产是在整个大洲的范围内进行的。 企业内部贸易对于汇率波动远不如企业间贸易敏感。 而且它通常只是一个会计分录，而不需要相应的资本流动。

这两个特点是美国企业演进战略的核心，其他一些跨国企业也日益如此：它们不仅需要货物的自由流动，而且需要资本的自由流动。 只要各国政府恪守义务，如让保护主义盛行，那么次贷危机还将强化这一趋势。 次贷危机期间，货币市场的波动甚至是 9 · 11 事件后的两倍多。 而本地生产、本地销售的策略提供了天然的抗风险能力，同时，该策略也可以避免一些国家的贸易保护主义。 它还能通过技术转移、创造就业等方式促进东道国的发展。 这在以往的出口导向型战略下是不可能的。

布雷顿森林体系的崩溃、20 世纪 70 年代的第二次石油危机和滞胀，这些都是第二次世界大战后世界经济秩序解体的征兆。 相以继之的是从 1978 年开始三个人物的先后上台。 邓小平开始在中国执政，他代表的不仅是中国，而且是新兴市场。 1979 年，撒切尔夫人成为英国首相；紧接着，1980 年里根当选为美国总统。

他们开启的时代以经济稳定为特征——不会出现大峰大谷的周期性波动。 经济周期的波动被转移到了利率、汇率和资产价格上。 日益重要的服务业部门，以及企业实践，如库存管理，也为经济学家所谓的"大缓和"做出了贡献。

在新开启的国际化新时代，美国经济的运行方式与以往不同了。美国成为世界的银行家，并不是竞争贸易顺差，而是作为世界的出纳，或者说是保险柜。 它将一部分资本留在国内，而将另外的流动起来，有时候甚至是流回其来源国。 这样就产生了在经济上很危险、在政治上不可接受的更大的不平衡。

次贷危机和随即发生的衰退有可能带来对这种模式的质疑，而如果仔细考虑一下的话，恰恰相反，次贷危机的制度性结果更会支持这一模式。 非居间化还不够深入，资本市场不像其声称的那样透明，而次贷危机可能促使金融市场更加透明、更加非居间化。 很多有风险的管理工具会被废止和替代，这将会使得美国更有效地吸收和管理全球的储蓄。

次贷危机的教训之一是转移到金融变量身上的不确定性会对实体经济带来负向影响。 信用周期需要被平滑掉。 这就意味着对不同的管理部门和管制措施的需求，这些管理部门和管制措施规范着 21 世纪的商业和金融。 如果明斯基提醒的激励和缓和措施能被一贯地执行，这将有助于后危机时代资本市场的稳定。 同时，也存在着另外一种风险，即伤口并未完全愈合，而新的一代需要重新理解市场——严格的规则比贪婪的追求更重要！

与人们通常听到的不同，严格的监管机制并不违背美国传统。 事实上，它与美国对政治的贡献在逻辑上是一致的，使其延伸。 建国之父们提出的共和理论并不因权力可能被滥用而拒绝权力。 恰恰相反，它认同实施权力的必要性，不过，权力需要被分割，需要被与之相对应的权力监督，而且必须限制在一定范围内。 在面对资本的权力时，经典的美国政治哲学认为需要与之相对应的权力，比如说监管，以保证其被监督并限制在一定范围内。

一个能有效利用资本的经济体可以从世界上任何地方得到资本，关键是它能有效利用。 尽管在短期内，有效利用资本也可能带来赤字，过时的核算方法夸大了不平衡。 它对储蓄的定义不包括员工的退休存款及其收益。 它把高等教育的花费算作消费而非对学生未来的投资。这些都低估了美国的储蓄，而高估了美国的消费。

危机不会威胁到美国经济实力的另一个来源：它的创造力。 2008年，美国有 157 774 项新专利，比 2007 年的数字 157 284 稍多一些。IBM 公司拥有这些专利中的 2.7%，一共 4 486 件。 这家美国公司比2008 年全中国的专利加起来还要多。 中国在制造业上具有很强的实力，但是正在制造的大多是其他国家设计的产品——大部分是美国设计的。

184

美国最重要的投资是在人力资源和创新上。 在一个开放经济中，人们通过努力获得社会地位，而不是他们姓什么。 这激励人们获得教育、创业和发现新的方法。 美国的多样性在危机之后将会展示它的持久的力量。 美国是移民者的国家。 来自不同文化、不同宗教、不同社会地位的人们一起为工作岗位竞争。 持续与不同的人的交流和观点的碰撞能够产生具有独创性和竞争力的成果。 "在其他任何国家，我的成功都无法复制。"巴拉克·奥巴马曾经这么说。 而且事实正是如此：作为总统，他所经历的不同的社会地位，是其他国家的人们难以想象的。

很多公司会认为，政府干预会毁掉资本主义，尤其是那些扩张期的公司。 资本主义有很多形式。 累进税、全面的健康保险，或者限制银行或对冲基金杠杆度的制度都不会意味着资本主义的终结。 政府和市场之间的辩证关系永远比大部分意见领袖鼓吹的两分法要复杂得多。没有政府，就根本不会有市场。

政府创造市场，认可市场上交易生产要素（土地、劳动和资本）。通过这么做，彻底改变政府的封建性质。 市场，作为信息和观点的集合体，是现代政策制定者不可替代的重要依据。 政府在经济中的职能和参与度在信贷危机中增加了。 危机一旦结束，对此的对抗性反应很可能一触即发。 然而，政府几乎不可能回到危机前的样子。 政府对商品和服务的需求占美国 GDP 的大约三分之一，对欧洲来说则是二分之一。 它已经是支持经济学家口中的总需求的主要力量。 如果没有政府需求，正如一些极端的自由主义者所梦想的童话里那样，是否会有人怀疑我们的社会将会显著恶化？

作为分配稀缺性的解决机制，市场从经济学的角度来看是极其有效的。 这在考虑汽车的颜色、裙子的长度和领带的宽度时特别有用。 但是在有一些领域，市场机制变得不那么容易接受，例如卫生保健、自来水、教育和社会正义的分配。 一个社会除了经济效率应该还有别的追求，例如公平性和多样性。

政府在美国资本主义中一直发挥十分重要的作用。 自由主义从未真正出现。 但是好像每一代都在宣称它的终结。 政府对金融危机的处理，在某些人看来，意味着资本主义又一次将走向终结。 曾经有人说过，罗斯福和他的新政预示了资本主义的结束。 1999 年米尔顿·弗里德曼和他的妻子罗丝不无伤感地发现，1928 年的社会党党纲中的经济政策很多已经被实现了。 凯恩斯在 1926 年的一本书中宣称自由主义的结束。 事实上，他就是以此命名那本书的。

不同的文化孕育了不同的资本主义模式。 一些将权力更多地赋予公司，另一些则赋予了国家。 但不论是什么形式，私人生产资料产权和风险补偿都是存在的。 不同的文化所带来的不同的公司治理方式并不会令人惊讶。 中印俄三国就是最好的例子。 他们采取了资本主义的不同形式，也拥有非常多不同风格的治理方法。

美国资本主义的成功，使得全世界的买家和卖家都愿意用美元做默认货币。 2009 年初，以独立和谨慎著称的、拥有世界上最大的经常账户余额之一的瑞士国家银行，宣布它将发行美元计价的短期债务工具。

美元在全世界的投资、交易和国际储备中被广泛利用。 美国仍可以吹嘘他拥有世界最大的、最稳定的、也最具代表性的经济体，不过当然是在金融危机之前。 这和其稳定的政治体系一起，给世界的超额储蓄创造了投资机遇和安全的储备方式。 无论是购买美国产品，还是他们本国生产的产品，人们都喜欢用美元。 但支持贸易中心论的观察者和政策制定者不支持美元在世界经济和金融领域的这一地位。

人们对贸易余额的疑惑经常转移到被广泛认为是进入了下降轨道的美国制造业身上。 这是那些看不到克莱斯勒、福特或者通用汽车的仪表盘的人的观点。 但是，美国制造业产出仍在增长，虽然制造业的绝对工作数量在下降。 美国的工人比以往拥有更高的生产效率。 美国的制造业实力阐明了美国的另一个经济实力所在，虽然这一点已经在对去工业化的争论中被遗忘了。 制造业的直接雇用意义寥寥。 有意义的是，用更少的人生产更多产品的能力。

上面提到的这一能力，是美国公司在将制造业移往海外时所出口的东西。 2007 年底，通用汽车在中国市场占有 10% 的份额。 通用公司面临了很多问题，但是海外竞争力从来不是其中之一。 国际化的意义超过了传统的以将商品销售到国外为重点的国际贸易。 海外直接投资是经济一体化的深层次形式，它能帮助公司比出口导向的贸易更好地增加市场份额，管理经营风险。

有很多美国工人参与到股票市场中来。 尽管很少有人直接购买股票，很多人作为共同基金和养老金计划的受益者参与其中。 在一些产业中，尤其是高科技产业，员工股票期权的使用使得公司每个级别的员工都愿意为公司的成功打下基础并拥有使公司茁壮成长的实际动机。这一点本身就很讽刺：世界上资本主义程度最高的国家也是社会主义程度最高的。 产权被社会化，工人是被马克思称为生产工具的受益业主。 正如我们所分析的，所有权对公司控制的影响在逐渐减弱，所有权和控制的辩证关系变得很有趣，在信贷危机之后这一关系很可能会减弱。 如果企业损失和经济学家口中的负外部性被社会化，对企业的收益和控制权不能再被私人持有，意思就是说，同样由社会背负。

有人认为美元价格下降会对股票市场提供支持。 数据显示并非如此。 在过去，股票市场的表现和美元之间的联系紧密，但是过去20年以来这种联系已经不复存在了。 部分原因在于，典型的美国跨国公司已经不再受美国经济需求所限制，对出口的依赖性也减少了。 相反的，他们在产地满足顾客需求，当地生产，当地销售，不再需要从美国出口过去。 这使得公司不再受货币波动的经济影响，减少了因币值变动引起收益改变而导致的股票市场波动。

在一个关税壁垒可以忽略、资本基本自由流动、货币波动剧烈的世界，美国企业采取的竞争策略的基础是产销同地进行。 尽管一些公司只能被外包了，美国跨国公司的国际贸易却被内生化了。 这一战略使得美国可以在20世纪90年代的后5年和2001年到2007年这段美元强势期保持竞争力。 这一战略也将从金融危机和经济萎缩中幸存下来。

一些经济学家和政策制定者提倡美元贬值以减少贸易逆差。 然而，几乎没有证据证明贬值是有效的。 美元对日元连续贬值了几十年，一个庞大的双边贸易赤字依然存在。 美国的贸易表现和汇率之间没有较强的联系。

考虑下人民币，这一从日元那里夺走政策制定者和经济学家的目光的货币。 2005年，尼古拉斯·拉迪和莫里斯·戈尔茨坦，彼得森国际经济研究中心的两位久负盛名的经济学家，使用名为技术发展水平的经济学技术，估计人民币被低估了 20 到 25 个百分点。 这一数字大约是在美国参议员起草人民币升值案时估计的升值范围的中间区域。

2005 年 6 月，人民币结束了盯住美元的政策。 到 2008 年，人民币的升值幅度约等于拉迪和戈尔茨坦的预测。 中国的贸易顺差却在这段时间内翻了一倍。 拉迪和戈尔茨坦是如何反应的？ 他们宣称人民币将在 2009 年初再次升值 10 到 20 个百分点以削减贸易顺差。

美元贬值不仅不能获得鼓吹者们所说的理想结果，还会造成实质上的伤害。 一个弱化的美元使得美国公司继续使用外国直接投资的成本变高了，而与此同时外国公司采用同样策略的成本明显变低了。 下意识的减弱美元会给美国吸收世界超额储蓄的承诺和能力带来问题，从而影响美国资本市场。 在一定程度上，美国维持强势货币的官方观点意味着它不会下意识地通过贬值来减少国家债务负担。 强势美元政策也将从信贷危机中幸存下来。

企业进入国际市场的时候，它们关注的重点是供给与需求。 这是所有市场运作的方式。 一个在越南市场上投资的消费品公司考虑的会是长期需求而不是立即挣大钱。 但是，供给和需求会影响河内（越南首都）的香波销量，它们也会影响越南盾和美元之间的汇率。 投资者需要更多地理解外汇市场。 对外汇市场的基本理解能够让人们在发现投资机遇时更有信心。

事实上，外汇头寸比国际股票是更好的投资组合多样化方式。 国际股票市场愈发同步变动，使得风险分散变得难以实现。 货币头寸可以提供财务咨询机构和投资经理所一直在寻找的不相关回报。 即使继续恶化的信贷危机也无法毁掉的金融创新，通过证券化和股权化进程创造了更多的股权工具，使得个人投资者可以在汇率平台上获得外汇。

在很多方面，本书讨论的信贷危机对政治和经济势力的完整影响和最终结果还没有定论。 一个主要的未知数是用来恢复这一领域的新金融框架的维度。 过去，金融监管没有跟上金融产品和国际化金融体系的变化；因此，需要被监管的债券监管不足，而其他的一些则流动性受到很大限制。

最明显的风险在于，危机带来的经济挑战太大以至于各国开始撤出国际经济并试图用国家主义或是保护主义措施闭关锁国。 僵化的机构和国家主义推翻了 19 世纪的国际化。 这样的力量同样能有效限制如今的开放政策。

尽管如此，我们有理由期待一些更加强大也更加透明的机构的出现。 垃圾债券市场的演变能够为我们了解未来提供一点信息。 在 20 世纪 80 年代末期，垃圾债券，又被称为高收益公司债券，非常受欢迎，并大量交易。 但他们并不是真正的"高收益"债券。 市场是被操纵的，几乎由德崇债券这家经纪公司进行全部运作。 这家公司倒闭时，整个垃圾债券市场看上去都随之崩盘了。 然而，很多公司需要这类融资，也有很多投资者被这上面的收益机会所吸引。 一个真实市场根据需求建立起来，现在，这些高收益债券在一个被分析师们充分了解和深度研究的市场中自由交易，投资者们也选择这一资本级别作为投资组合的一部分。

金融市场不只是有这些适应并最终成功的例子，也有很多金融实践走入了死胡同。 一些产品在市场重组中被摧毁，这本身未必是一件坏事。 一些未被从发行人到购买者在内的任何人充分了解的债券带给市场的误解导致了大规模的风险错评。 一些没有首付也没有收入证明的结构性投资工具、拍卖利率债券以及抵押贷款很可能从市场上消失。 而且，它们也确实应该消失。 那种一家公司产生负债而另一家公司拥有负债的实践创造出了各种各样的不稳定的激励结构。 没有它们的金融市场更加简单，更加透明，也更加审慎。

从布雷顿森林体系的固定汇率和资本流动限制机制中获得的经济实力使得美国在国际经济中享有很大的份额。 这一机制同样有助于欧洲和日本的重建。 同样发挥作用的还有国际货币体系的浮动汇率和巨大的资本流动性。 演化出来的扩张战略使得美国公司可以在"强美元"和"弱美元"的环境下都具有竞争力。 从信贷危机中浮现出来的一些规则会带来新的动机和逆动机，这反过来会影响扩张战略的轮廓。 尽管如此，美国市场的能力和流动性、民众和政策制定者的创造力，以及其实用性的意识形态都表明，在未来的很多年内，美元将维持住"世界货币"的无上地位。

致谢

在这样的一本书中列举对成书有所帮助和影响的人的名单，已经成为惯例了。 但是在这里，我并不会这样做。 这些影响本身是不可胜数的，前后延续超过四分之一个世纪。 而且经常性的，我自己的想法由对他人观点的反应而生。 因此，很多对我产生影响的人不一定会在以下的内容中意识到他们的贡献。

我的分析这些年一直在发展，包括德意志银行、梅隆银行和汇丰银行在内的一些公司为我的思想探索提供了不同程度的自由。 这本书特别地受益于布朗兄弟哈里曼银行提供的机会，我从 2005 年起在他们公司领导一支外汇策略师团队。 同样的，我一直有机会为一些出版物写文章，包括《国际事务》、《金融时报》、《欧洲货币》、《巴伦周刊》、《外汇交易员》以及 TheStreet. Com。

我的观点在纽约大学国际事务中心得到了"实战检测"，在那里长达十五年内，学生们一直热衷于质疑我的思想并发现他们的教授的错误观点。 维拉·耶利内克（Vera Jelinek）博士，分区院长也是该中心主任，一直特别支持和鼓励我的工作。

我曾有幸与这样的一些人共事，他们的肯定或是批评帮助我强化形成了现在的观点。 我在布朗兄弟哈里曼银行备受推崇的货币策略团队的同事，闻星（Win Thin）、玛格丽特·布朗（Margaret Browne）和奥德丽·柴德-弗里曼（Audrey Childe - Freeman）帮助我很多。 Ezechiel Copic，Stewart Hall，Joseph Quinlan，David Powell，Michael Woolfolk，Rab Jafri，Michael Casey，Renee Mikalopas - Cassidy，Angelina Yap， 和 Don Curry 也向我提供了帮助。 和劳伦斯·诺曼以及克里斯·斯万关于全球化以及在此过程中美国的贡献的讨论也给我提供了很大的帮助。

还有一些其他的人为这本书贡献了他们的灵感、批评和支持。 我特别需要感谢 Sylvia Coutinho，她慷慨地贡献了她的时间、兴趣和对我的鼓励，促使我去探索各种观点的含义。 Frank Warnock 展示了他对资本流动无可估量的敏锐洞察力，而 Jim Glassman 帮助我更深入地思考美国经济的竞争力。 财政部的 Mark Sobel 和纽约联储的 Niall Coffey 在我的这些观点的关键之处给了我很有用的回应，但他们并不用为这些观点中的不足负责。

对我的思想影响最大的是罗格斯大学美国史系的詹姆斯·利文斯顿教授。 当我在北伊利诺伊大学读本科时，他提出的一些问题的框架即使是现在仍值得我思考。 他的教学理念深深地影响了我，驱动我在他的指导下在北伊利诺伊大学获得了研究生学位。 吉姆的著作、讨论和观点给我的启示最多。 对这种恩情的最大回报是将这种理念推广，这也是我在自己的教学中试图做到的。

安·罗格，《傻瓜每日交易》和《傻瓜对冲基金》的作者，为我的观点提供了必不可少的帮助。 没有她的话，我的很多观点对很多读者来说可能是没有意义的。 我也必须感谢我的经纪人玛丽琳·阿伦，还有彭博出版社的史蒂芬·艾萨克和 Dru - Ann Chuchran，他们是本书最终得以出版的功臣。

尽管受到这么多的灵感和支持的帮助，文中的谬误、事实和判断由作者负全责。

图书在版编目（CIP）数据

美元：阴谋还是阳谋／（美）钱德勒 著；徐翔 译. —北京：东方出版社，2012.4
ISBN 978 -7 -5060 -4846 -0

Ⅰ.①美… Ⅱ.①钱… ②徐… Ⅲ.①美元—研究 Ⅳ.①F827.12

中国版本图书馆 CIP 数据核字（2012）第 107786 号

美元：阴谋还是阳谋
(MEIYUAN: YINMOU HAISHI YANGMOU)

作　　者：〔美〕马克·钱德勒
译　　者：徐　翔
责任编辑：陈　涛　贾　佳
出　　版：东方出版社
发　　行：人民东方出版传媒有限公司
地　　址：北京市东城区朝阳门内大街 166 号
邮政编码：100706
印　　刷：北京市文林印务有限公司
版　　次：2012 年 11 月第 1 版
印　　次：2012 年 11 月第 1 次印刷
印　　数：1—6000 册
开　　本：710 毫米×1000 毫米　1/16
印　　张：13.25
字　　数：178 千字
书　　号：ISBN 978 -7 -5060 -4846 -0
定　　价：36.00 元
发行电话：(010) 65210059　65210060　65210062　65210063

版权所有，违者必究　本书观点并不代表本社立场
如有印装质量问题，请拨打电话：(010) 65210012